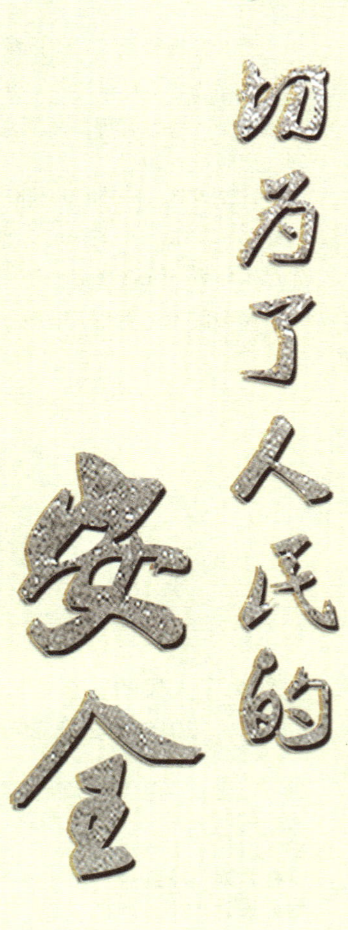

——2019年应急管理系统先进典型风采录

应急管理部新闻宣传司 编

应急管理出版社
·北 京·

图书在版编目（CIP）数据

一切为了人民的安全：2019 年应急管理系统先进典型风采录／应急管理部新闻宣传司编. -- 北京：应急管理出版社，2019

ISBN 978 - 7 - 5020 - 7814 - 0

Ⅰ. ①一… Ⅱ. ①应… Ⅲ. ①突发事件—公共管理—先进工作者—先进事迹—中国 Ⅳ. ①K828.2

中国版本图书馆 CIP 数据核字（2019）第 255286 号

一切为了人民的安全

——2019 年应急管理系统先进典型风采录

编　　者　应急管理部新闻宣传司
责任编辑　闫　非　罗秀全
编　　辑　孟　琪
责任校对　李新荣
封面设计　于春颖

出版发行　应急管理出版社（北京市朝阳区芍药居 35 号　100029）
电　　话　010 - 84657898（总编室）　010 - 84657880（读者服务部）
网　　址　www. cciph. com. cn
印　　刷　北京盛通印刷股份有限公司
经　　销　全国新华书店

开　　本　710mm × 1000mm $^{1}/_{16}$　**印张**　22 $^{1}/_{2}$　**字数**　269 千字
版　　次　2019 年 12 月第 1 版　2019 年 12 月第 1 次印刷
社内编号　20192927　**定价**　68.00 元

前 言

应急管理部组建一年多以来，在以习近平同志为核心的党中央统一领导下，有效应对了多起重大森林火灾、地震、强台风和堰塞湖等自然灾害，实现了生产安全事故起数、死亡人数和重大事故起数持续下降，切实维护了人民群众生命财产安全和社会稳定，新部门新机制新队伍的综合优势初步显现，推进了国家治理体系和治理能力现代化。

为展现新时代应急管理系统广大干部职工和应急救援队伍的形象风采，发挥先进典型示范引领作用，在各级遴选推荐、集中报送先进典型线索的基础上，围绕新中国成立70周年，我们对应急管理系统先进典型进行了广泛报道，并会同国务院新闻办公室于8月举行了应急管理系统先进典型代表与中外记者见面会，11月与中央宣传部联合开展了2019年“最美应急管理工作者”宣传发布活动，对8名个人典型和3个先进集体进行了重点推介，进一步提高应急管理系统的社会知晓度和影响力，营造全社会关心支持应急管理事业的浓厚氛围。

这些先进典型，有的闻令而动、夙夜奋战，在地动山摇的第一线勇挑新时代应急管理重担；有的面对生死考验，逆向而行，用血肉之躯勇闯刀山火海；有的赓续红色血脉，传承红色基因，始终保持冲锋在前的“无我”状态；有的数十年如一日扎根莽莽原始森林，守护绿水青山；有的默默奉献、无悔付出，在祖国“心脏”地带护佑民族文化瑰宝；有的放弃国外优厚待遇，毅然投身祖国防震减灾事业；有的铁面无私、秉公执法，倾心守护煤矿工人生命安全；有的呕心沥血、殚精竭虑，辛勤耕耘在安全监管执法一线。他们身上，集中体现了坚守初心使命、永葆对党忠诚的政治品格，心系群众安危、一切为了人民的公仆情怀，敢于赴汤蹈火、不怕流血牺牲的革命精神，立足本职岗位、极端认真负责的务实作风，生动展现了新时代应急管理队伍积极向上的精神风貌和时代风采。

他们是对党忠诚、纪律严明的表率。这些典型来自防震减灾抗震救灾、煤矿安全监察、安全执法监督、消防救援、森林消防、社会救援力量等应急管理系统各单位各部门，他们始终坚持以习近平新时代中国特色社会主义思想为指导，树牢“四个意识”，坚定“四个自信”，坚决做到“两个维护”，理想信念坚定，作风纪律严明，以知重负重、攻坚克难的实际行动，诠释了对党和人民的无限忠诚。

他们是刀山敢上、火海敢闯的表率。这些典型始终聚焦防风险、保安全、护稳定，努力练就科学高效、专业精准的过硬本领，时刻听从党和人民召唤，保持枕戈待旦、快速反应的备战状态，英勇顽强、不怕牺牲，勇挑重担、一往无前。他们是火魔肆虐关头上的“尖刀”，是抢险救援战场上的“铁拳”，是安全生产的“守护神”，关键时刻勇于为党和人民贡献自己的一切。

他们是竭诚为民、无私奉献的表率。这些典型把人民放在心中最高位置，计利国家、无私忘我，始终以对人民极端认真负责的态度全力防范化解重大安全风险，同人民风雨同舟、生死与共，在人民群众最需要的时候冲锋在前，紧紧依靠人民推进应急管理事业发展。他们在平凡的岗位上默默奉献，自觉做起而行之的行动者、攻坚克难的奋斗者、本领过硬的开拓者，以特有的执着与坚定，践行保民平安、为民造福的初心使命。

榜样催人奋进，奔跑才有远方。这些先进典型是新时代应急管理事业的“先行者”和“引领者”，他们的先进事迹是开创应急管理事业新局面的“宣言书”和“倡议书”。应急管理系统广大干部职工和应急救援队伍指战员战斗在急难险重一线，要自觉弘扬忠诚、执着、朴实的英雄品格，营造见贤思齐、不懈奋斗的浓厚氛围，形成争创一流业绩、争当应急先锋的生动局面，始终在党和人民最需要的地方冲锋陷阵、顽强拼搏。现将这些先进典型的事迹汇编成册，目的在于讲好应急管理故事，大力培育极端认真负责、甘于牺牲奉献、勇于担当作为、善于开拓创新的应急管理特色文化，激励广大应急管理工作者勇立潮头、担当作为，以更加高昂的斗志、更加饱满的热情、更加过硬的作风，当好党和人民的“守夜人”，永远做党和人民的忠诚卫士，奋力推进新时代应急管理事业改革发展，汇聚起推进国家治理体系和治理能力现代化、实现中华民族伟大复兴中国梦的磅礴力量。

编者

2019年11月

目 录

应急管理·安全生产

安全监管·煤矿监察

防震减灾·抗震救灾

消防安全·应急救援

附　录

应急管理·安全生产

铸就防护“天网” 尽心守卫城市安全底线

——上海市应急管理局安全生产执法监察处 张之崟

2019年6月25日，在第九届全国“人民满意的公务员”和“人民满意的公务员集体”表彰大会上，年轻的“80后”获表彰者张之崟来自安全生产执法一线。面对大会上的赞誉之词，张之崟在事后接受采访时说：“我只是尽量做到克己、担当、为民。”

自2012年起，张之崟花费了7年时间把自己打造成安全生产监管一线的行家里手。他刻苦钻研岗位业务，不断追求创新，用职责守护着城市的生产安全和运行安全。

张之崟所学专业是环境工程，和安全监管几乎“搭不上边”。要从事危险化学品监管工作，就得从零开始。“没有什么事情是不会做的，只有不愿意去做。”张之崟一方面利用业余时间加强法律法规的自学，另一方面不断向专家讨教，结合工作实践，“啃下硬骨头”。“无数个日夜在边学边干中度过，要在专业人士面前不说外行话，在复杂的化工装置面前有的放矢。”

张之崟的工作是与危险化学品生产储存企业打交道，虽然工作强度大、责任重，但让他难以释怀的不是工作辛苦，而是被检查企业的不理解与不配合。2013年，在对一个危险化学品建设项目进行验收时，张之崟发现一处措施没有正常投用，一旦反应失控就会发生爆炸，他随即要求企业立即整改。对此，企业老总不以为然：“何必那么较真儿呢，出不了什么事。”在张之崟进行第三次现场核查后，隐患得到了消除。但在之后的试验中，企业负责人违规摘除了防护措施，导致企业发生爆炸，鲜活的生命瞬间消失。噩耗传来，张之崟痛彻心扉："多么期盼紧盯不放的隐患永远不要死灰复燃，多么期盼执法闭环后企业安全意识的自主提升。"

几年间，张之崟跑遍上海市所有危险化学品生产储存企业，从上海最北面崇明岛的南门油库，到最南面杭州湾畔的上海化工区，从最东面洋山港的液化气站，到最西面苏沪界的鞭炮仓库。同时，他编写出《上海市企业安全风险分级管控实施指南（试行）》并组织全市推进实施，用以规范企业的风险管控工作，便于企业落实主体责任；编写出《上海市安全生产监督检查事项分类表》，用以规范执法人员的执法标准、裁量尺度，便于政府落实监管责任。

几年下来，张之崟经手办理的50余起行政处罚案件和500余万元罚没款的背后，件件都需火眼金睛，桩桩都要动真碰硬。

安监工作既平凡又重要，不追求轰轰烈烈的成绩，只期望长长久久的平安。

我和安全的“约会”还没有结束

—— 北京市应急管理局　魏丽萍

性格执拗，不达目的誓不罢休；敢于碰硬，遇到难题就想攻克；勇于创新，开展工作不拘一格；严于律己，不许出现任何疏漏——北京市应急管理局监察专员魏丽萍就是这样。

30多年，一直在享受与安全的“约会”

30多年前，魏丽萍考入当时全国唯一的安全工程类专业——北京经济学院（现为首都经济贸易大学）劳动保护系工业卫生专业。殊不知，当时一个看似无心的选择，却将她和“安全”紧紧地拴在了一起，再也没能分开。

30多年来，从科研院所到政府机关，从事过职业卫生、安全宣传、综合协调、法制建设、矿山监管、综合监管、工业监管、中介机构监管……谈起她负责过的工作，扳起十个手指头也数不过来。她不仅在20世纪90年代末就成为高级工程师，还于21世纪初成为全国首批注册安全工程师中的一员。

都说安全生产工作责任重、压力大，并非女性理想的职业选择，但魏丽萍却不离不弃。她说：“我就是喜欢它，总觉得有好多迫切需要干的事。”

魏丽萍用对安全生产工作的一片深情、一份挚爱，化解了重重困难，收获了累累硕果，也深深感染了身边同事。2015年，她被评为“全国先进工作者”，2017年，又被评为“全国三八红旗手”。对此，同事们都觉得她受之无愧，“敬业奉献，动真碰硬，是她一贯的工作作风”。

承担监管一处处长期间，魏丽萍带领同事们紧紧盯住白酒制造企业隐患治理、涉爆粉尘企业隐患治理，出实招，求实效。通过采取技术指导、专业培训、执法处罚、约谈通报等多种手段，督促指导企业实打实地开展隐患治理。全市43家白酒制造企业中，22家企业完成了隐患整改，17家企业因不具备安全生产条件已停产或疏解退出，其余4家则正在实施整改。2016年全市共有涉爆粉尘企业777家，因不具备隐患整改条件而停产或疏解退出的企业有500余家，完成隐患治理的175家，正在整改中的29家。工业企业本质安全水平得到了很大提升。

男同志能做的，我们女同志照样可以做

2004年，魏丽萍从北京市安全监管局法规处调到监管一处，分管非煤矿山。那时，矿山开采秩序远无法和现在相比，即使在首都北京，小、散、乱、差的景象也随处可见。因此，北京市政府下决心整治矿山秩序。

当时，正值首轮安全生产许可证核发，安全监管局部门成为推动整治的重要力量。不过，困难也是显而易见的。“很多矿山正开得热火朝天，想让人家关闭、退出，谈何容易？”张树森说。

“难不怕，怕的是干不好。”魏丽萍的话，让大家有点吃惊。为获取真实情况，也为争取地方和企业理解，魏丽萍踏上了走访矿山的艰难路途。

从市区出发，最远的矿要开车颠簸三四个小时才能到。露天矿往往无所遮挡，夏天烈日炎炎，冬天寒风刺骨，“遇到刮大风，嘴里都能吐出沙子来”。而地下矿山里，潮湿阴冷、泥水横流。“有的矿，矿口直上直下，台阶又高又窄，上下都得手脚并用，感觉自己像猴子一样。”回想往事，魏丽萍忍不住调侃起来。

就这样，魏丽萍坚持每周花3天时间跑矿山，把全市400多家矿山基本上跑了个遍。很多矿山前前后后去了三四次，孰优孰差，都装在她心里。对于基础条件好、有整改意愿的矿山，她积极鼓励，请来专家，帮着出谋划策、提档升级。而对于条件简陋、无改造可能的矿山，她也绝不手软，坚决不予许可。

正是在她的不懈坚持下，北京市的矿山数量在4年间减少了315家，2572个废弃矿洞被一一封堵，矿山安全生产水平有了质的飞跃。“她干工作就是这样，不惜力，特别拼。”与她共事的同事如此评价道。

尽管这些年魏丽萍的工作屡有调整，但她干工作的执拗劲儿，“走哪儿带哪儿”。

采访中，这样的例子，大家讲了很多。但在魏丽萍看来，这都是些不足挂齿的平常事，“干安全工作，男女都一样，男同志能做的，我们女同志照样可以做”。她说，深入第一现场的习惯，早在她大学毕业进入北京市机械局环保所工作时就养成了。那时的她，常常带着笨重的检测设备，爬到工厂车间十几米高的排风口处进行检测，“早就练出来了”。

紧盯高风险领域，攻克一个个难关

伴随经济的跨越式发展，北京市在城市发展中也碰到了一些“疑难杂症”。鲜为人知的是，很多“病症”都是由魏丽萍带领一班人，求得“良方”的。

在魏丽萍的办公室，记者看到了10多本评估报告、研究报告，每本都有一两厘米厚，内容涉及地铁运营、商品交易市场、物业管理、轨道交通建设、地下空间、地下管线、燃气建设工程、企业用电安全等。“没有哪一项不是硬骨头，但她偏偏不怕‘硬’，带着我们一个一个地去‘啃’。”监管二处的同志说。

2008—2015年，魏丽萍从监管一处调到监管二处任处长。一开始，她着实有些“摸不着北”。也正是“有劲儿使不上”，让魏丽萍找到了症结所在。

北京地铁客流的突破性增长，对地铁安全运营提出严峻考验。地铁安全管理到底怎样？运行是否可靠？2009年，带着这些疑问，魏丽萍带领技术人员，深入走访2条地铁线路、9个重点车站、几十名运行管理人员，前后耗时半年多，打磨出了厚厚的一本《地铁运营安全生产管理调查评估报告》，从安全疏导能力、应急救援能力、运营安全标准、安全监管机制等入手，把脉问诊，提出对策。

“这份报告一出，当即引起各方重视。”参与调研的北京市劳动保护科学研究所的代宝乾说。北京地铁运营有限公司据此制定了专项除患方案，北京市政府拨付43亿元支持整改。“最近几年，地铁站里相继加装了屏蔽门，清理了小商贩，还设立了疏导员、警务室，这都是评估报告里提出的建议。”代宝乾说。

2013年，商品交易市场人流密集、隐患突出的问题被魏丽萍发现，针对该领域的安全管理调查评估由此启动。通过3个多月的逐户走访和34家市场的严查细问，保障先天不足、消防隐患突出、行业管理缺失等问题被一一揪出。

“市政府正因一些市场秩序混乱、周边交通拥堵而影响城市形象头痛不已，正发愁从哪儿入手来解决问题时，评估报告摆上了市领导的案头。”处内的同志说。最终，北京市政府以治理安全隐患为切入口，对大红门服装城、北京动物园批发市场等问题突出场所实施搬迁改造。“一举除掉了隐患不说，还极大地发挥了安全监管在和谐宜居之都建设中的作用，可谓多赢。”

在同志们看来，这些调研之所以能获得重视，魏丽萍功不可没，“从前期调研开始，她就全程参与，到后期撰写报告，她更是贡献了很多智慧”。魏丽萍四处搜集资料，包括法律法规、技术标准，甚至连其他部门的会议材料、调研报告、论文，都被分门别类地收集齐全，提供给大家。“她总是说，我们搞调研，不能只是列数据、摆问题，而是要拿出站得住脚的解决方案。”代宝乾说。

在监管二处工作的8年间，魏丽萍不仅带队完成了10余项风险突出领域的评估、调研，还牵头起草了以市委办公厅、市政府办公室名义印发的安全生产“党政同责”规定、“一岗双责”暂行规定，并积极与编办沟通，细化了政府部门监管职责分工，建立了企业主体责任规范，构建起了严密的责任体系。

有太多太多的问题，我想去探究

2014年5月，朝阳区国贸写字楼内发生一起高压消防气瓶炸裂事故。事故不大，暴露出的问题却不小。高压消防气瓶既是消防设备，又是压力容器，应用广泛。特别是北京轨道交通路网中，配备的气瓶数量多达6000多个。事后发现，针对它的监管竟一直处于空白状态。划分职责时，相关部门存在分歧，“都觉得不归自己管”。

为了切实吸取事故教训、厘清职责，魏丽萍多次与相关部门人员沟通、讨论。一天，张树森走出办公室，偶然看见魏丽萍和其他部门一位副局长，为了职责划分一事，在楼道里争得面红耳赤。

类似的事，魏丽萍遇到太多了。“她一次次和相关部门人员沟通，冷眼、质疑、争辩、拒绝……不知经历了多少。讨论时，常常只有她一名女同志，但她从不示弱。”张聪说。

对于工作，魏丽萍要求高、很严格。在大家眼里，魏丽萍是十足的“严于律己、宽以待人”。“她从不倡导我们加班，一到下班时间，就催着我们赶紧回家。”监管二处的王洪志说，“但她自己，总是待到很晚才走。好几次，她返给我的政务信息都是晚上七八点钟发过来的。”

作为业务处室的主要负责人，大事小事，魏丽萍事必躬亲，尽可能想在前、做得细，甚至文件中的一个标点、一处用语、一句表述，她都不轻易放过，因为“从我手里出去的东西，不允许有疏漏”。

“有一天凌晨1点多，她给我发来短信，就评估报告中的一处用语和我探讨。”代宝乾说。第二天早上6点多醒来后看到短信，他急忙回复。哪知，魏丽萍立刻打来电话，和他讨论起来。代宝乾惊讶极了：“当时我暗想，她难道不睡觉吗？”

她说：“我和安全的‘约会’还没有结束，有太多太多的问题，我想去探究。享受慢生活，可以等到退休后再说。”

严格整改“上房掀瓦”
划分责任“舌战八方”

——湖南省浏阳市应急管理局　蔺传球

湖南省浏阳市是世界闻名的“烟花之乡”，蔺传球曾是浏阳市资历最老的安监局副局长，如今是应急管理局副局长。目前，浏阳市共有1200余家烟花爆竹等类型的高危企业。对蔺传球和浏阳市应急管理局来说，在这里工作如同“坐在火药桶”上。16年间，浏阳市的烟花爆竹产值增加了8倍，与此相对应的是，事故发生率下降了90%。这一成绩的取得与蔺传球和同事的努力是分不开的。

相逢一笑“泯恩仇”

几年前一次开会时，浏阳一名烟花厂的负责人特意找到蔺传球，抓住他的手大力握着说："蔺副局长，您是个高人啊，当年如果不是您，就不会有我们的今天。"

蔺传球说，他当时想起了鲁迅的一句诗——"度尽劫波兄弟在，相逢一笑泯恩仇"。蔺传球与浏阳市的烟花厂老板们自然不是兄弟，但他们之间却并不缺少"恩仇"。

前些年，企业对安全生产还没有予以足够重视，去跟企业老板谈安全生产，别人会觉得你"无事生非"。

"这不是某一个老板的问题，是那个年代整个社会的普遍现象。"蔺传球说。但是他始终坚持，在安全生产问题上绝对不能睁一只眼闭一只眼，"因为安全监管一头挑着的是对生命安全的守护，一头挑着的是对依法履职的忠诚"。

2006年4月30日，蔺传球带队检查时发现一家生产铝银粉的危化品企业存在重大安全隐患。"办公生活区的房子距离存在爆炸危险的生产车间只有5米远，而国家规定的安全距离是25米。"蔺传球说，当时有10多个人在办公生活区工作生活。一旦发生爆炸，距离生产车间只有5米的建筑物内的人基本无生还可能。

检查组当即下达了限期搬离并拆除建筑物的指令。但是当时该企业刚投产不久，厂区内无法解决办公场所问题，老板认为蔺传球是小题大做，拒绝搬走。指令下达几天后，前来找蔺传球说情的人一波接着一波，但蔺传球一律不为所动。

5月22日，当蔺传球再次带队到企业检查时发现，该企业依旧没有整改。蔺传球没有丝毫犹豫，直接找到企业老板说："这个问题没有商量的余地，今天不落实整改，我们不会走，你不安排人，我们自己动手拆。"说完就去找来梯子，直接上房掀瓦。老板看蔺传球如此坚决，只好执行拆除指令，在安全距离外重新修建了办公楼。

2009年7月25日凌晨，蔺传球被这个老板打来的电话惊醒。在电话里，他用颤抖的声音说："好在办公楼搬走了，没有人员伤亡，你们救了我，你们救了我！"原来，那天凌晨，该企业的铝银粉生产车间发生爆炸，原来办公区地址上的建筑物被爆炸冲击波夷为平地。

与拯救生命相比，受委屈被威胁微不足道

2003年7月，蔺传球从浏阳市政府办公室调入刚组建的市安全监管局担任副局长。

值得注意的是，早在国家设立安监部门之前，蔺传球就已经连续2年被评为"安全生产先进个人"，因为在政府办开展的大督查中他就对安全生产格外关注。

"你是为大家好，但别人不一定会这样认为，所以安全监管工作容易得罪人。"有时，蔺传球也会感慨安全工作不好干，连人身安全都会受到威胁。

有一次，一家违规企业被蔺传球处罚，在到处找人说情无果后，找人对蔺传球"盯梢"了10多天。还有一次，蔺传球带领监察组到一个村子里整治违法企业，被100多人"围攻"。

不过蔺传球觉得，这一切与拯救生命相比，都微不足道。

刚到安监局的那一年，蔺传球到福建处理一起危化品企业爆炸事

故，这是他处理的第一起事故。该企业老板是浏阳人，工人大多也是浏阳人。该事故造成6人死亡、18人受伤，死者中还包括老板5岁的女儿。那时候他就意识到：“发生安全事故，相关各方都是受害者，都是输家。”

寻求源头治本之道

这些年的工作让蔺传球渐渐明白，对安全生产违法行为发现一起查处一起是治标不治本，要从根本上解决问题还要从制度上下功夫。

2016年前后，蔺传球发现部门之间安全监管职责不清、边界不明，经常让工作陷入被动。于是，他在繁忙的工作之余，翻资料、找案例，编制了安全生产责任清单，这份清单涉及34个政府部门。当第一稿出来后送到相关部门征求意见时，得到的回复不是“有异议”就是“不同意”。

“与其事后扯皮，不如事前划清责任。”蔺传球觉得，这份清单对浏阳市未来的安全生产工作意义重大。虽然遇到的阻力大，但他并未放弃，而是一个部门一个部门地协调，与相关负责人展开一次又一次激烈的辩论。

2017年12月，《浏阳市各负有安全监管职责部门的安全生产监管责任清单》出台，浏阳市辖区内11万家生产经营单位的安全生产监管职责全部明确到相应的职能部门。

2018年机构改革后，浏阳市安监局被撤销，相关职能并入了新成立的应急管理局，蔺传球任应急管理局副局长一职。蔺传球说，再过几年他就要退休了，他会站好最后一班岗。

2019年6月26日晚上，橘子洲头的烟花点亮了长沙城的夜空，将首届中国—非洲经贸博览会推向了高潮。现场燃放的就是浏阳烟花。

那天，蔺传球没能到现场，他已埋头开始新的工作。

让“严”字招牌永不褪色

——湖北省黄梅县应急管理局　严胜斌

在湖北省黄冈市黄梅县，县应急管理局副局长严胜斌是个“名人”。早在2009年，黄冈市安全监管系统内就流传着这样一句口号——“外学周全意（全国安全监管领域先进典型），内学严胜斌”。从事安全监管工作17年，严胜斌分管过安监局（应急管理局）直接监管的所有行业领域。哪里最苦，哪里最累，哪里的工作最难，哪里就有严胜斌的身影。因为对工作要求严格，监管执法严厉，并且姓“严”，大家都习惯喊他“老严”。

20多次将工人从死亡线上拉回

2003年，老严从县林业局转岗到安监局，可谓半路出家。为了让自己尽快上手，老严发扬“蚂蚁啃骨头”精神，利用各种机会学习，没用多长时间就掌握了大

量专业知识。到安监局工作3年后，他就取得了注册安全工程师资格证书，此后又获得了国家三级安全评价师资格证书。

由于注意观察和思考，老严很快练就了一双“火眼金睛”。一次，老严到黄梅华生矿业公司马尾西铁矿开展井下例行安全检查。进入一处采矿工作面后，他感觉温度突然降低。他仔细观察顶板，发现顶板出现“挂汗”现象，有了压力水头。他再用耳朵贴近顶板仔细听，判断这是透水前兆。于是他立即要求当班的4名工人撤离。哪知工人们担心影响收入，不愿意撤离。老严坚决要求撤离。15分钟后，“轰隆”一声闷响，作业面顶板被水冲垮。4名工人因为撤离及时，逃过一劫。这4名工人出井后，跑到老严身边，紧紧握着老严的手一句话也说不出来。

17年来，老严调查处理各种安全事故20余起，20多次将工人从死亡线上拉回。

他编的书籍成为安全人“案头必备”

近年来，黄梅县道路交通领域先后发生2起较大事故，打破了全县连续10年无较大及以上生产安全事故的纪录。为了扭转被动局面，老严组织专班，带队深入全县各地和相关部门进行广泛调研，针对发现的九大问题提出了27条整改措施。为了推动问题整改落实，老严向县政府递交了调研报告。领导班子认真讨论后，指示有关部门印发了《全县道路交通领域安全监管问题、措施、责任清单》。相关治理工作启动后，全县道路交通安全形势得到了扭转。2019年，该县实现了春节期间县城区道路交通安全事故“零死亡”。

为了加强全县隐患排查治理，在老严的建议下，县委、县政府出台了《黄梅县安全生产隐患排查治理闭环管理办法》，建立了安全生产

“打非治违”红黑榜、党政领导领衔整治重大安全隐患等制度。老严还组织编写了《黄梅县矿山安全管理知识汇编》《黄梅县危险化学品安全管理知识汇编》《黄梅县烟花爆竹安全管理知识汇编》等。如今，这些书籍已经成为监管干部和企业安全管理人员的“案头必备”。

面对企业老板的威胁毫不畏惧

2003年9月，黄梅县一铁矿发生边坡坍塌事故，导致1人死亡。事故发生后，老严和同事们第一时间赶到现场。“死者家属那撕心裂肺的哭声至今回荡在我耳边。”老严说。

在以后的安全监管执法中，老严一直保持铁腕作风。一次，在依法关闭某非法采石场时，采石场老板情绪激动，连续几天带着家人找到老严的办公室和家中，气势汹汹地叫嚣：“场就是命，命就是场，谁关我的场，我就同谁拼命！”但老严毫不畏惧，坚决督促将该采石场关闭。

尽管严胜斌的工作得到了各级领导的肯定和群众的一致好评，但他从未满足，而是孜孜以求。机构改革以来，老严又按照部署，研究建立安全风险查找、研判、预警、防范、处置、责任落实等六项机制，对辨识出的232处重点风险，明确领衔整治的相关领导。

12万平方公里土地上的安全守护者

——青海省格尔木市应急管理局 青 排

从事安监工作8年来，青海省格尔木市应急管理局党组书记、局长青排始终不忘初心、砥砺前行，把“心系群众，坚守执法一线；严防死守，誓保一方平安”作为座右铭，以精湛的业务素质和务实的工作作风，为全局的干部职工树立了榜样。

为工作常常辗转反侧、夜不能寐

格尔木是一个新兴城市。这片12万平方公里的土地上，有各类工矿商贸企业400余家，分布点多、线长、面广。一直以来，格尔木市应急管理局人员少，安全监管的难度不言而喻。面对种种困难，为了思考破解之策，青排常常辗转反侧、夜不能寐。

为了确保全市安全生产形势稳定，青排不断创新工作方法，刻苦钻研业务，深入企业

全面了解安全生产状况，督促指导企业开展安全隐患排查整治。2018年，格尔木市率先在青海省实施安全生产信息化监管。

靠前指挥，不惧恶劣条件考验

格尔木辖区内拥有盐化工、油气化工、非煤矿山、有色金属冶炼等众多大型企业。为了切实做好辖区安全生产和应急管理工作，青排主动请缨，始终靠前指挥，带队到基层和企业检查和督促，几乎走遍了格尔木的每一寸土地。

格尔木恶劣的环境气候条件对每个人来说都是严峻的考验。在荒无人烟的湖区，在海拔4000多米的矿区，人们时常能看到青排的身影。几年下来，原本身强体壮的他身体大不如前。

从事安全监管工作以来，青排从来没有固定的下班时间，往往不是在企业，就是在往返企业的路上。

2017年6月28日，青海盐湖发生闪爆事故。在西宁出差的青排得知这一消息后，立即从800公里外赶赴现场，从晚上10点忙到第二天早上，开展事故现场处置和事故分析工作。在事故处置过程中，他连续3天没有休息，眼中布满红血丝。而这种情况对他来说已经是家常便饭。

8年来，他没休过假，长期坚守岗位，压力与焦虑使得他不能正常睡眠，左眼曾出现眼底出血，视力降低至0.2。一开始妻子和女儿对他的工作很不理解。他微笑着解释："安全生产关系千家万户的幸福，我工作努力一点，就能让更多的家庭幸福，这不是好事吗？"妻子听后，除了心疼外，又多了默默地支持。

“只要行得正，心中就无愧”

多年来，青排在工矿商贸领域安全监管执法方面，没有办过一起证据不足或者适用法律法规不准确的错案，也没有因自身的执法行为不文明而引起矛盾激化或社会不稳定。

在工作中，他始终敢于碰硬，不搞“关系执法”“人情执法”“态度执法”，体现了一名安监干部应有的职业操守和品德。

从事安全监管工作8年多来，青排处理过的安全生产违法违章行为及事故达100余起，始终做到廉洁自律。对一些顽固不化的“钉子户”，他在执法过程中始终做到不惧威胁，对求情、说情更是断然回绝。他常说：“只要行得正，心中就无愧。”多年来，他是这样说的，更是这样做的。

“铁腕”治隐患 “铁纪”守底线 做好群众“守夜人”

——山东省东营市东营港经济开发区安委会 姚建军

夜晚，山东省东营市东营港经济开发区安监局办公区灯火通明，工作人员依然忙碌。

“东营港经济开发区内多为化工石化企业，生产、储存、使用、运输着大量易燃、易爆、有毒的危险化学品，加之化工工艺复杂，操作条件多为高温高压，发生危险化学品事故的现实性和可能性日益凸显。”姚建军说，在此背景下，“压力”二字从岁初到年尾无时无刻不伴其左右。

姚建军中等身材，十分健谈。2008年，姚建军被领导挑中，希望他能去东营港经济开发区支援建设。“我想东营港这边建设刚刚起步，条件还比较艰苦，又需要人手，没人去不行。作为党员，只要工作需要，我就去，去了，就要把工作干好，不负嘱托。”这一来就是十多年。

姚建军总是觉得“在办公室能多待一分钟是一分钟”。只有这样，他才能在出现安全隐患时，第一时间到达现场；只有看着办公室窗外灯火璀璨的东营港，他的心里才踏实。

我最怕接电话，好多次被电视里的电话铃声惊醒

每次接到安全隐患的电话，姚建军就想第一时间知道险情的基本情况。现场危害性有多大？有多少人？怎么才能迅速调动力量组织救援？救援有没有难度？现有救援力量是否能满足现场需要？同时，脑子里会闪过这个事故是否会引起其他事故的发生。

“有的时候救援结束了，我在回想的时候才会觉得有点害怕。”虽有危险，安全隐患出现时，姚建军总会冲在最前头。

电话铃声让姚建军感到紧张，轰隆隆的爆炸声更让他恐慌。胜利油田地质勘探队曾为探明东营港区石油储备，在夜间来到东营港实施作业。虽然前期已得知勘探队近期要来港作业，但具体日期对方并没有告知。将近夜里1点，第一声炮响将刚刚入睡的姚建军惊出一身冷汗。他穿上衣服从宿舍跑出来，循着响声判断出了爆炸方位，心里猜到可能是油田作业，但还是没底，干脆来到办公室透过窗户望着炮响方位。

每一次炮响他的心里都咯噔一下，手里的笔都会在纸上为“正”字加上一笔。一个通宵，天已大亮，炮声也停了，他数了数纸上的“正”字，48响。

参加海上救援，只有一只脚跨到岸上悬着的心才能放下来

姚建军回忆，在参加的几十次海上救援中，有三四次与死神擦肩而过。前些年遇到这种危急情况，他连遗书都写好了。“我们写遗书也没什么豪言壮语，首先就是要和家里交代，咱不欠人家钱。然后就是要让家里人今后好好生活。”

“只要我们把基础工作做扎实了，安全水平和全员素质提升了，我想这工作并不多么危险。”谈起安全工作的风险，姚建军这样说。作为山东省化工园区应急管理标准化试点单位，东营港经济开发区现有8支救援队伍，各类救援车辆62台，可同时承担两个重大安全事故的救援工作。

同事眼中的好领导，工作现场穿病号服

姚建军积极发挥党员模范带头作用，舍小家顾大家，十多年如一

日，多次不畏险情，迎难而上，坚决做好群众的“守夜人”。

在同事眼里，姚建军是个好领导。综合执法大队综合室的李俊英和姚建军相处了3年多，她说，之前单位有女职工生病，姚局长还特地嘱咐她去其家里慰问。但对自己，姚建军却有些苛刻。

将近8年时间里，他每周平均回家最多待上一天，甚至连看病时间都没有。2015年，姚建军被诊断出患有严重肾结石，几次发病在工作岗位，在住院治疗期间打上止痛针偷偷返回工作岗位，至今身体内仍有大块结石没有来得及处理。李俊英说，有一次他从医院偷跑出来，到现场时还穿着病号服。

真正将安全二字放在心间

“加大执法力度，才能对非法违法行为起到震慑作用，安全生产才有保障。”姚建军说，安全检查、严格执法固然重要，但引导企业树立主体责任意识更为关键。“只有企业自己意识到安全生产的重要性，真正将安全二字放在心间，安全工作才会从根本得到保障。”

曾经，某化工企业分管安全的副总在隐患整改结束后，拿着整改报告来到姚建军办公室。“姚局长，你让我们改的我们都改完了，这是报告书。”“这隐患不是给我改的，这是你们企业的问题，你要意识到这一点！”

姚建军说：“我当时确实发火了，企业认识上的不到位和工作的被动消极让人很生气、很担忧。属地管理是前提、部门监管是关键、企业落实主体责任是根本，这件事也说明我们工作不到位。”

为此，姚建军马上召集所有行业监管部门和企业相关负责人开会，并抓住一切机会对部门、企业进行引导。

不忘初心，身先士卒冲在前

2008年以来，姚建军组织参与海上救援14次，冒着生命危险成功抢救遇险人员102人，完成“索特66”沉船打捞及航道清障工作。2019年1月12日，韩国液化气船“五号汽船”在东营港附近海域发生液化气泄漏，面对大雾、狂浪的极端海况他先后3次带领抢险队伍、安全专家和韩方人员出海登船，向指挥部传回现场最新情况，会同专家组研究处置方案，协调有关单位调集应急救援物资，最终确保了泄漏船舶的成功处置，避免了重大安全事故的发生。

2015年，东营市进行机构改革，50多岁的姚建军有了调回市里的机会，但姚建军还是留了下来。谈起未来的打算，姚建军说：“我现在最大的愿望，就是到我退休的时候，港区能保持零安全事故。”

严查细问 执行“铁面、铁规、铁腕、铁心”

——天津市应急管理局执法总队 鲁 力

“大事难事看担当，顺境逆境看襟怀。”在现任天津市应急管理局执法总队（以下简称总队）党支部书记、总队长鲁力心中，“担当”一词格外有分量。作为一名安全监管监察人员，为了扛起保障城市安全发展和人民群众生命财产安全这份重任，他每周至少2天带队到全市危险化学品、冶金、涉氨、涉爆粉尘企业检查，节假日也从来不休，而这样的“时间表”，他已坚持了很多年。

依法履行职责，2年排查各类安全隐患3300多项

“隐患就是事故，事故就要处理”，为了践行这种理念，鲁力坚决执行“铁面、铁规、铁腕、铁心”的要求，严格执法，严厉打击违法行为。2018年以来，通过开展专项检查、

随机抽查、暗查暗访、突击夜查等执法方式，共检查企业1141家次，排查各类安全隐患3300多项，立案行政处罚120余件，处罚金额562.19万元，问责处理相关责任人260人次，对安全生产领域的各类违法违规行为起到了强有力的震慑作用。

不但如此，为了改善企业整体安全基础薄弱等突出问题，鲁力还带领天津市应急管理局执法总队增加执法检查频次，特别是对一些重点行业领域，充分利用重大活动、重大节假日等特殊时段，主动放弃休息，采取“四不两直”的方式开展暗查暗访。2018年以来，对全市16个区共开展暗查暗访32次，检查各类重点行业领域企业71家次，发现各类隐患问题344个，监督指导各区行政处罚21家，处罚金额合计109.9万元，有力地推动了各区的安全生产工作。

敢于动真碰硬，查处各类群众举报重点案件25起

2018年以来，鲁力共查处各类群众举报重点案件25起，办结率达100%，对经核实确存在违法违规行为的4家单位，行政处罚共计24.6万元，有力地打击了非法行为，保护了合法企业。

在核查办理西青区一非法充装站点的案件过程中，鲁力克服行政相对人态度恶劣拒不配合、作业现场危险性大、非法站点位置隐蔽等诸多难题，缜密筹划、精心部署、果断出击，组织区安监、镇政府、廊坊市等多部门实施夜间联合突击检查，现场查获并封存非法充装储罐2台、重瓶空瓶323个，查实非法充装二氧化碳、氩气、混合气的非法行为。在查封过程中，鲁力发现该非法充装站点运输并临时储存液化二氧化碳气体的罐车卧罐压力表、液位计、安全阀均已失效，车辆损坏无法启动，不具备转移处置条件，高温气候也不利于储罐（属于

压力容器）内压缩低温液化气体的稳定储存，现场状况十分危险、复杂，如果处置不当，一旦发生事故，后果将不堪设想。

在这种情况下，鲁力临危不乱，科学指挥处置工作，立即联系有气体充装资质单位的技术人员携带专业设备赶到现场提供支持，勘察情况，评估风险，与在场专家及技术人员会商处置方案。历经一个昼夜时间，将容量为21立方米的卧式储罐中的全部危险化学品安全、妥善处理完毕。随后，他没有任何放松和休息，带领总队干部连续作战，继续指导相关执法单位开展现场取证和对行政相对人的询问工作，最终依法处罚11万元。指导所属辖区没收拍卖危险化学品和相关设备设施，彻底打掉了这个隐藏在天津市西青区、武清区和河北省廊坊市三个区域交界处的非法站点。

提升服务质量，执法帮扶结合，解决企业发展难题

鲁力在工作中始终坚持执法与服务相结合，在严格执法的同时，还加大对企业的服务力度，针对企业在隐患排查治理中不知道“查什么”和“怎么改”等问题，带队到滨海新区等地实地调研建设进展，解决推进过程中遇到的难题，及时组织专家团队编写了92个行业领域隐患排查标准和排查清单，并指导企业建立、完善本单位的隐患排查治理清单，使企业定期按照治理清单内容自觉排查隐患。借助信息化手段，通过互联网、云计算的存储和传输方式，开展企业内部安全隐患的统计和治理工作。截至2019年，天津市安全生产隐患排查治理信息化系统内上线运行企业达到12368家，涉及化工、机械、冶金、建筑、港口等22个行业领域。系统上线企业隐患排查总数达52128多项，整改51421项，整改率达98%。

通过不断推进隐患排查治理体系建设，安全生产工作由原有的政府督促企业排查治理隐患的工作模式向企业自主排查治理隐患的工作模式转变，由被动的“要我查”向主动的“我要查”转变，企业的安全管理意识明显增强。在做好本职工作的基础上，鲁力还努力将执法与帮扶企业相结合，帮助企业解决制约发展的难题。

部分企业在上市过程中遇到受处罚后信用等级的恢复问题，他便积极与有关企业沟通联系，查找问题根源，指导企业整改隐患，然后与有关部门协调，简化办事程序，及时调整恢复企业信用等级，最终解决了制约企业上市的难题。在确保隐患问题整改到位的前提下，鲁力已为40余家接受过行政处罚的企业恢复了市场主体信用等级，助力了企业发展。

驱逐危险的卫士

——内蒙古自治区敖汉旗应急管理局 刘长青

“谁奔波在破旧的工厂间，谁的头发沾满了厚厚的灰，谁又在危险面前从来不后退，谁把脆弱的生命来捍卫，用奉献缓解满身疲惫，用真情回报平安社会，用炽热的心坚守平凡岗位，却从来不说苦和累……”这段为安监工作人员作的词，可以说是内蒙古自治区敖汉旗应急管理局副局长刘长青的真实写照。

临危受命，猛药重典去沉疴

1972年出生的刘长青，毕业后就职于敖汉旗人民检察院，工作的14年间历任科员，办公室副主任，侦查监督科副科长、科长。2008年，敖汉旗一家烟花爆竹生产企业发生一起死亡17人的重大生产安全事故，时为侦查监督科科长的

刘长青临危受命，调入敖汉旗安监局分管烟花爆竹安全生产工作。

当时在敖汉旗流行的一句话是“宁愿炸死，不愿穷死”，由此可见烟花爆竹安全生产监管的难度。全旗60家烟花爆竹生产企业，如何监管？怎样监管？严峻的安全生产形势和不利局面摆在眼前，刘长青没有怨言，凭着一股闯劲儿，直面困难，勇挑重担。他说：“安监工作要的就是一股向上的精气神，关键时候要冲得上去。”

为整治烟花爆竹生产企业“三超一改”问题，刘长青带领监管大队执法人员在“严、狠、准、实”上下功夫，在烟花爆竹生产企业推行了“定置管理”和“百分制”考核办法。他深入烟花爆竹生产企业一线，不断增加检查频次，紧盯隐患苗头根源，分类施策、对症下药。对那些违法违规企业一律严管重罚，仅2009年，就处罚了30余家企业，罚款70余万元，彻底整治了“三超一改”问题。在他的带领下，4年间敖汉旗烟花爆竹生产企业总共发生2起生产安全事故，事故发生数及伤亡人数大大降低。

重任在肩，忠诚履职无怨言

安监人员被人称为“驱逐危险的卫士”，只有刘长青和同事们才清楚这卫士背后的苦和累。因对温度和湿度的条件要求较高，烟花爆竹生产都是在一早一晚进行。为了抓隐患、促整改，刘长青和他的同事们需要抓住这个生产时间节点，“不走寻常路”进行突击检查。基本上早晨五六点钟就得到达企业生产现场，翻墙、走小门，第一时间到企业最危险的混药、装药车间突击检查。

就这样，刘长青每天都在企业间奔波，从来没有正点吃饭休息过。当时他们的一辆破面包车，就成了大伙儿吃饭休息的地方，累了困了，就把车停在道边树林里眯一会儿。

2012年，刘长青兼任敖汉旗安监局副局长后，更多的重担又落在了他的肩上，先后分管非煤矿山、危险化学品生产经营企业的安全生产监管工作。面对全旗矿山数量众多、选矿工艺和生产系统复杂、现场安全生产条件较差、安全管理水平较低、安全欠账严重等诸多问题，刘长青对全旗非煤矿山“散乱差”企业重新进行拉网式排查、指导、督促整改。对那些拒不整改的企业坚决采取果断措施，发现一起，彻底打击一起，严肃查处一起。几年间，仅“打非治违”方面，全旗依法取缔非法采石场18家、选矿厂尾矿库9家、露天采矿点11处、地下矿井8个；依法对57处采砂点采取停止电力供应等整治措施。在刘长青和同事们的努力下，非煤矿山企业生产安全事故大大减少。

安全这道关只有在现场把着才放心

——吉林省通化市应急管理局　于连才

脚踏泥土，俯身躬行。在化工厂硫酸泄漏的现场、烈日炎炎的工地、高温酷暑的生产一线，人们总能看到于连才的身影。

于连才热爱应急管理这份事业，对工作的投入超乎寻常。作为吉林省通化市应急管理局党组书记、局长的他常说："在岗一天就要履职尽责一天。"

近年来，通化市生产安全事故起数和死亡人数逐年下降，安全生

产基础水平不断提升。这些成绩的取得，离不开于连才的努力。

2013年，于连才就任通化市安监局局长。那时他就深知“安全”二字责任重大。

于连才带领全局上下利用2年时间，先后组织36个单位，在42个行业领域开展了安全生产专项整治，将“三个必须”的要求从制度、思想、行为三个层面落到了实处。全市共检查生产经营单位6792家次，检查车辆船舶、特种设备24206台次，排查治理安全隐患和问题9062个。

于连才大力推动变事后执法查处为事前监督规范。履职6年来，通化市未发生重大以上生产安全事故。于连才也是吉林省地级市城市中从事安全监管及应急管理工作时间最长的局长。

带队伍，于连才注重建设专业技术人才队伍，激发干部队伍的责任意识和奉献意识，激励干部主动在岗位上自我提升。根据工作需要，他先后提拔和使用了有品行、有担当的科级干部18人，向县（市、区）建议，在系统内提拔使用科级干部20余人，全局有10人参加注册安全工程师考试并获得证书。主动想事、干事、成事在这支队伍中蔚然成风。

抓安全，于连才身先士卒，像将军，又像战士。2018年6月17日凌晨，通化市二道江区一乡镇化工厂硫酸泄漏。得知险情后，于连才第一时间赶赴现场，在弥漫着刺鼻气味的泄漏核心区果断指挥，避免了次生事故的发生。

抓教育，于连才倡导从娃娃抓起。他组织人员编写并印发了适合不同年龄段孩子的安全教育辅助教材，通过开展“小手拉大手，安全一起走”等活动，营造了“教育一个孩子，带动一个家庭，辐射整个社会”的浓厚安全氛围。

任职6年多的时间里，全市每一个安全生产重点监管单位都留下了于连才的足迹。按照“重基层、打基础、抓整改、强监管”的工作要

求，他时常奔走于基层一线，走遍了通化市的各个角落。

2013年，在通化市柳河县检查时，患胆囊炎1个月的于连才病情加重。于连才强忍疼痛，直至工作结束才去医院治疗。到医院时，医生发现他的胆囊已经穿孔，最终只能做了胆囊摘除手术。事后医生埋怨道："真不知道你是怎么挺过来的，如果再晚来一会儿就有生命危险了！"于连才却说："安全这道关，只有在现场把着才放心！"

用26岁的生命践行初心誓言

——黑龙江省七台河市长兴乡应急办公室 宋金泽

青春，是一个被赋予太多憧憬与希望的词。但在宋金泽的人生词典里，青春写满了忠诚热爱、踏实奉献，没有霓虹闪烁、灯火辉煌的都市，有的只是宁静孤寂、地处偏远的乡村。

2017年，24岁的宋金泽顺利通过七台河市新兴区事业单位公开招聘考试，以优异成绩考入新兴区政府，被分配到长兴乡工作，成为长兴乡应急办的一名干部。

2019年6月13日晚，宋金泽与同事深入村屯巡查防汛工作，返程途中遇险落水，不幸因公殉职，献出了年仅26岁的宝贵生命。

说起宋金泽，长兴乡的同事都爱称呼他“小宋”。长兴乡原党委副书记葛昱涛曾是他的主管领导，他回忆说：“小宋来区里报到时，是我把他领回乡里的。他当时坐在那儿，挺直腰板，双手放在膝盖上，说话时一直用‘您’来称呼，至今令我印象深刻。”因为擅长计算机，宋金泽被分到党办，负责党务、统计、应急等工作。

2018年秋季禁烧秸秆工作启动后，长兴乡要求全体工作人员不准脱岗离岗，入驻各村屯全力开展工作。宋金泽入驻柳毛河村后，近一个月没回家，每天凌晨三四点开始巡查，经常午夜时分才回到住处。因为年纪小、反应快，乡里安排宋金泽负责照相录像工作。每次有重要工作，他都能够出色完成，保留必要的影像资料。同时，他还担任宣传员，及时向区里汇报基层相关动态，几乎每一篇有关长兴乡的稿件，作者都是宋金泽。

在全乡脱贫攻坚工作中，宋金泽负责包保柳毛河村贫困户李德华。李德华家墙上至今还保留着宋金泽留下的名字和电话号码。62岁的李德华，老伴患有严重脑梗、下肢瘫痪，无儿无女，仅靠8亩地维持生活。一年前，宋金泽走进了他们的生活，隔三岔五就到李德华家看看，经常送去米面油等生活用品，做点力所能及的事。宋金泽还帮李德华找到了在村里清运垃圾的工作，方便他及时回家照看老伴。

“好，我尽快弄好，马上就帮您。”这是宋金泽日常说得最多的话。由于基层工作纷繁复杂，大家的工作都很忙。但无论哪个人找到小宋，他从不拒绝，他在乡里是出了名的“有求必应”，大家经常叫他“宋能行”。

党办工作人员顾金铭和宋金泽在一个办公室，坐对桌。作为大哥哥的宋金泽经常照顾帮助顾金铭这个新人。“宋哥为人真诚善良，他经常主动拎桶装水，哪个办公室有大事小情他都乐于帮忙，修电脑、修打印机、做程序，这些都是常事。我刚开始不会写宣传报道，他总是耐心教我应该怎么写。我们乡距离市区较远，他前阵子在柳毛河驻村工作，还经常问我们晚上加班有没有车回家……”

宋金泽的入党申请书，字迹工整、语气真挚：“我怀着十分激动的心情向党组织申请，志愿加入中国共产党……”作为乡镇最普通的一名干部，宋金泽经常与村民打交道，因此格外注意个人形象，总是保持衣着整洁、头发整齐。他说自己代表政府，要保持人民公仆的良好形象。他还准备在转为正式党员时，去买一件白衬衫、黑西服，不要太贵的，合身就行，纪念自己成为正式党员的光荣时刻……

长兴乡柳毛河村是全市的较差村。宋金泽被确定为该村包村干部后，积极驻村推动整改，经常入户走访，协助柳毛河村党支部加强基层党组织建设，建立完善相关规章制度，认真执行“三会一课”制度，使整改工作取得显著成效。柳毛河村村民得知宋金泽因公殉职的消息后悲痛不已，像失去亲人一样难受。

始终保持冲锋状态

——江苏省淮安市清江浦区应急管理局　史厚忠

“安全知识的学习，从没有及格不及格，有可能因为一分的缺失导致一条生命无法挽回，甚至更多。当好应急管理干部，必须始终以时不我待的学习劲头一直奔跑在路上。”史厚忠一直用这些话勉励自己。

5年来，史厚忠钻研业务，摘抄笔记十余本，近50万字，在报刊上发表200多篇专业文章；进企业、乡镇街道和部门检查服务指导安全生产工作600家次，检查出各类隐患问题1200多条；先后参加事故救援、现场调查30余起。他用初心、使命和担当为人民群众的生命财产安全筑起一道坚不可摧的铜墙铁壁。

他被誉为淮安市“最美安监人”，先后获得“安全生产执法演练标兵”“淮安市安全生产先进个人”“清江浦区深化改革先进个人”等荣誉称号。

入行“新兵”让身边人刮目相看

初入安监，新的工作领域和工作环境对史厚忠是一个巨大挑战。几年来，他看到同事下企业检查，就“尾随”其后，“打破砂锅问到底”，“鸡蛋里挑骨头”，让周围的人逐渐对他这个“新兵”的专业能力刮目相看。

“刚到我们办公室那会儿，他打开电脑点击的是中国安全生产网等专业网站，阅读的是专业知识教材和杂志，讲话也是三句不离安全生产。”同事盛中华回忆史厚忠刚到安监局工作的情景时说：“一直以来，他都是这样一种珍惜时间、刻苦学习、‘急于求成’的状态。”

正是有了这种刻苦学习的精神和发自内心的本领恐慌，他才能在不同时期、不同岗位都很好地胜任本职工作。

不怕骂声的“拼命三郎”

2016年8月的一次安全检查中，史厚忠发现某危化品生产企业没有加装自动切断安全装置，要求该企业立即整改。企业安管人员考虑年底要搬迁，不想花这“冤枉”钱，抱着软磨硬泡的态度，当面“好好好”、背后“骂爹娘”，生产不停、动工不见。

史厚忠得知后，立即对安全主管摊牌：“小患拖大、大患拖炸的道理你不是不懂，如果不按期整改到位，我们将依法下达全面停产整顿指令书，到时你的企业信用降低会纳入征信系统，你算好这笔账！”

对方见根本没有回旋的余地，只好按期完成整改。9月15日，该企业按计划加装安全装置截止阀。他接到报告后，放弃了中秋节与家人团聚，到现场进行督导，直至安全装置正常投入使用。

“作为一名应急人，要像军人那样，始终保持一种冲锋的状态，要有革命加拼命的大无畏精神。”史厚忠经常告诫自己。

心里装着的都是应急与安全

因为膝盖半月板和关节腔积液的伤情，史厚忠曾经被医生要求住院一个月。时值机构改革后人事变动，他从法规科调到应急指挥中心，新科室需要立即完善应急值班、应急快报等多项工作制度并开展工作。他二话不说就拔掉针头，拿上要敷的药，回到岗位上。

2019年1月，史厚忠的父亲骨折住院。住院20多天，他都是下班后才去医院看望，其他时间由家人代为照顾。

“爸爸住院20天，你一次向单位张口请假都没有。你的心够大的，装的都是应急与安全吧？”能回答妻子的，只有他无声的歉意和对事业的热忱。

将责任扛在肩上，把困难踩在脚下

“应急管理事业无比壮美，也任重道远，需要将责任扛在肩上，把困难踩在脚下。”这是史厚忠常对同事们说的一句话。2016年10月，淮安优化行政布局后，新成立的清江浦区安监局面临机构整合，事多人少任务重。作为骨干力量的他，已经整整一个月早出晚归，甚至周末也连续加班。

“跟他在一起工作，从来听不到半句怨言，他总是乐观得很，充满激情，即使在遇到困难和委屈的时候。”执法大队大队长孙军说。

“工作就像打仗，要有一股拼劲儿，既要敢拼又要会拼。”史厚忠对这句话深信不疑，因为他懂得，应急管理、安全生产、减灾救灾这一项项工作确实很辛苦，但干应急这一行，平凡又壮美。

铁心硬手　执法如山
热心服务　真诚待民

——江西省奉新县应急管理局　涂和莲

2010年荣获全国安全生产先进个人称号。

2015年荣获“十二五”期间全省安全生产先进个人称号。

2016年荣获全市消防工作先进个人称号。

2019年荣获宜春市五一劳动奖章。

奉新县应急管理局连续13年被评为全市安全生产先进单位。

2009年奉新县应急管理局被评为全省安全生产先进单位。

……

从上述荣誉中，我们可以看到一个对党忠诚、信念坚定、志存高远的高大形象；可以看到一个敢于担当、善于创新、身体力行的党员领导干部身影；可以看到一个潜心应急管理部门、细心监管安全生产、耐心

服务企业发展的女强人。她，就是江西省宜春市奉新县应急管理局局长——涂和莲。

德国哲学家歌德说过：“你若要喜爱你自己的价值，你就得给这个世界创造价值。”涂和莲就是这样，在应急管理主要负责人岗位上一干就是15年，用智慧和果敢、责任与担当、勤劳和汗水，诠释了一名党员领导干部执着坚守、服务发展、心系安全的赤诚情怀。

勇于担当，始终绷紧安全生产这根弦

安全监管工作，只有起点，没有终点，必须亲力亲为，机智果敢，才能真正防微杜渐，把安全损失减少到最小。

2005年4月，涂和莲从一个乡镇党委副书记调到县安监局担任局长。那时，安监局刚成立，事情千头万绪，但她没有乱，而是一边抓队伍建设，一边探索安全管理新办法。因为她深深知道，安全生产监管工作，不仅事关经济发展和社会稳定，也事关国家、集体、企业和人民群众的生命财产安全，肩上的责任和风险沉甸甸的。因此，涂和莲始终紧绷安全生产这根弦，对安全监管如履薄冰，总是苦口婆心地督促企业主抓好安全生产工作，经常深入企业一线仔细排查安全生产隐患，甚至冒着生命危险处理安全事故。

2015年4月的一天，奉新县工业园区一大型纺织厂生产车间发生火灾，无情的大火借助风势迅速蔓延，火势十分凶险，使得消防人员无法靠近扑救。更为危险的是，凶猛的火势迅速向半成品和成品仓库逼近，数以千万的财产安全受到极大的威胁，必须尽快采取有效扑救措施，全力保护企业财产和人身安全。

在场的涂和莲迅速召集专业人员进行分析研究，她直面风险责任，坚决果断地向在场指挥施救的县委书记提出进行定向爆破截阻火势蔓延的抢险方案。得到批准后，她立即召集专业爆破队伍，亲临前线组织爆破，成功迅速地阻止了火势的蔓延。成功扑救了这场重大火灾，数千万的企业财产得到了安全保护。由于紧张、闷热、劳累，大火刚一扑灭，涂和莲便脱力了。她这种临危不乱、勇于担当、敢于冒险的气魄和胆识，不仅在奉新工业园区的企业中，而且在全县上下广泛传颂。

公正规范，严格把好企业准入关

安全执法，关键要晓之以理，严格把关，公正规范，不徇私情，方能营造良好的安全生产发展环境。

严执法就是厚爱，宽放松必存隐患。15年来，涂和莲排查处理的各类安全隐患非常之多。处理事故的过程中，难免会面对头部压爆、脑浆迸裂、肢残体缺、鲜血淋漓等恐怖场面，作为局长，她一定会亲临现场，倘若碰上死者家属情绪激动，有可能挨打挨骂和被围攻，甚至受到生命威胁，但她从未退缩，更没有把矛盾上移，而是克服重重困难，带领大家发扬“白加黑、五加二”精神，认真做好实地调查、调解安抚等工作。

特别是每年春节期间，她都会带领局执法大队到县城大街小巷巡逻执法。一次，巡查到甘家巷口时，她敏锐地发现有人正往一个车库搬运鞭炮，便立即上前查问。事主张某不断狡辩，不能自圆其说。她当即认定这是非法储存和经营行为，立刻对其所存鞭炮进行查封。张某哪肯轻易就范，磨磨蹭蹭，还让关系人打来求情电话。涂局长不予理睬，硬是对张某实行了处罚。

多年来，涂和莲始终贯彻“安全第一、预防为主、综合治理”的

方针，做到了堵、疏、管、帮、理相结合，尤其是顶住来自方方面面的压力，严格把好企业准入关。非煤矿山由原来的37家强制关停30家，危化品企业十几年来一直提高准入门槛，烟花爆竹批发企业十几年来一直只有一家。铁心硬手的执法，确保了全县多年来无较大安全事故发生，她也多次受到省、市领导和县委、县政府主要领导及广大企业主的一致好评。

截至2018年，全县先后共排查企业9925家次，排查隐患22875条，责令停产整顿企业15家，关闭12家，行政处罚30家，罚款51.45万元，其中上限处罚14家、追究责任人员1人、通报企业2家。

热心服务，永立行业发展潮头

作为安监及应急领域的“领头羊”，必须严格要求，提升自己，真情为企业服务，才能永立行业发展的时代潮头。

凡是接触过涂和莲的人，都知道她是一个性格直爽、为人谦和、乐于助人，且对工作要求高、对己要求严的领导干部。多年来，她始终坚持在干中学、在学中干，虚心向网络学、向书本学、向专业技术人员学、向实践学，成为一名对应急管理业务极为熟悉的基层应急管理领导干部。

2018年6月主汛期前，涂和莲带领监管人员下到非煤矿山企业进行汛期安全检查，在检查一个萤石矿时，她直接提出要突出对尾矿库的检查。检查中，她对尾矿的堆积高度有怀疑，不顾企业人员的所谓专业解释，坚持第二天请来专业测绘人员进行测量评估，结果认定该尾矿存在堆积超高的严重安全隐患。她当即按要求下达限期整改通知，使得这一重大安全隐患在汛期到来之前得到了整改。

作为与企业联系紧密的安监局局长，她热心为企业服务，建立了全县危化品企业工作群，组建了由5人组成的危化品专业技术专家库，并由政府买单聘请第三方专家对危化品企业安全生产进行监管。同时，她还定期组织危化品企业进行交叉检查，互相督促，综合研判、分析全国各地近期发生的危化品事故，举一反三，吸取教训。2017年8月，一危化品企业突然发生火灾，由于平时注重监管，防范措施得力，火势很快就得到了控制，没有造成人员伤亡及经济财产损失。事后该企业主深有感触地说:“要不是涂局长对危化品企业监管严，这次火灾我都不知道要造成多大的损失，真是要感谢涂局长啊！”

15年来，涂和莲被群众评价为执法如山的服务员，她服务真诚，没有接受过一次吃请送礼。她常说，吃人家的嘴短，拿人家的良心不安，不吃不拿不卡不要，才能睡得安稳香甜。在她的团结和带领下，全县安全生产管理工作始终走在全市前头，县应急管理局这支队伍也被铸造成了一支在全市乃至全省应急系统中特别能战斗的队伍。

走在智慧化应急安全管理前端

——广东省佛山市顺德区应急管理局　李发彬

"顺德实现高质量发展，必然要依靠科技、市场和社会的力量，推动城市智慧化应急安全服务取得重大突破。"坐在记者面前的这位身躯笔挺、说话略带有四川口音的男子便是佛山市顺德区应急管理局局长、党组书记李发彬。从履历来看，安全工程专业本科毕业的李发彬，自2001年开始从事安全监管工作，一干就是18年。进入新时代，在传统安全监管和服务方式遭遇"天花板"之时，他领导的顺德应急管理铁军，挺立在改革发展和服务群众主战场的前线，也走在探索城市智慧化应急安全服务创新的前端。

聚焦有效执法，完成应急人的基本使命

随着广东省各地机构改革陆续全面启动，2019年3月中旬，在顺德区委、区政府出台的机构改革方案指导下，佛山市顺德区应急管理局正式组建起来。在这个全新机构的揭牌成立仪式上，李发彬给应急管理队伍上了生动的一课：顺德应急人要拧成一股绳，打造一支坚强有力、担当有为的队伍，首先要把安全生产监管执法这项基础工作做好、做扎实。

“有效执法，是过去安监人的立身之本，也是今后应急人破题应急管理高质量发展的重要法宝。”李发彬对记者说。在过去几年里，顺德安监人一直把重心放在执法效力上，通过瞄准“安全生产执法成本高、守法成本高，违法成本低、事故成本低”难题，以铁腕执法促进企业守法，以强力追责倒逼企业负责，实现2015—2018年安全生产执法罚款金额从500余万元增至2300余万元，事故追责案件数量从5起增加至50起，重塑了良好的安全生产法治环境。

在推动安全生产标准化建设和村级工业园风险点危险源整治上，顺德安监人也是不遗余力。紧盯企业安全基础建设短板，通过执法引导和宣传教育，仅耗时两年，顺德就完成了创建安全生产标准化达标企业近14000家，实现从全市安全生产标准化“垫底到第一”的逆袭，率先基本实现重点工贸企业安全生产标准化全覆盖。

同时，顺德安监人借势借力，以关键时期安全生产工作为抓手，紧抓企业、物主安全双责任、双承诺制度落实，压实公共安全、业主管理、企业安全生产等三大责任，将村级工业园内企业风险点、危险源防范在细微处、扼杀在苗头上。

挖掘市场潜力，探索智慧化管理新路径

在智慧顺德综合指挥中心启动的首次生产安全事故应急演练上，李发彬曾在内部圈子里分享表示，只有光鲜的“大应急”“大安全”基础设施是远远不够的，必须智慧化管理服务跟得上，撬动市场资源服务安全稳定形势的手段跟得上，安全发展产业化、市场化的步伐跟得上。

智慧顺德综合指挥中心是顺德打造高效智慧城市“一张图”联合指挥体系的一大亮点工程，也是区委、区政府推动“头号工程”村级工业园整治提升的有力抓手。作为党代会代表的李发彬，向区委、区政府提议全面构建村级工业园区智慧化综合管理服务，认为管理服务创新才是撬动智慧村改的支点。

过去几年，在李发彬的推动和努力下，顺德在由低水平服务、低安全保障的村级工业园向智慧型安全园区升级转型的道路上稳健前行。以勒流街道富安工业区、北滘西南工业区为现代化智慧型安全园区建设试点，积极引进高质量物业管理服务，构建高水平工业园区市场化管控体系，在建设园区物联网、大数据平台，以及导入高水平园区安全管理和市场服务，推动企业安全管理专业化、园区公共服务社会化、工业园区综合安全治理和应急救援科技化和现代化上取得突破。

李发彬是调度运用市场资源的能手、巧手。在2018年的中国安全产业大会上，在他的协调和推动下，顺德区政府巧用市场杠杆实现小投入、大回报，通过会展达成参展机构和企业建立意向合作订单金额超亿元，并同步举办体验式安全大轮训，培训企业责任人、安全管理人员和一线职工近7万人。

顺德安全产业市场将由此迈向更加光明的未来。

回归安全本质，求索根本安全最大公约数

“人的安全是根本安全，人的安全意识和能力是破题根本安全的最大公约数。”如何实现这个最大公约数，让目前较为普遍的群众安全意识和能力短板得到补强，李发彬提供了他的解题思路。

一方面是发挥好市场在资源配置中的决定性作用，以“市场之手”引导创新方向。过去几年中，顺德一直践行以金融手段参与安全生产治理服务并收效显著。其中包括了推动安全生产责任保险走进千万家企业，促进保险这一国际通行安全治理方式在顺德高标准落地。经过多年苦心经营，顺德安全生产责任保险参保企业累计达5015 家次，位居佛山五区第一，覆盖企业职工208713人次，总保费6957.78万元，累计转移风险责任限额458.62亿元。

另一方面是建立具有市场活力的，集培训、宣传、演练于一体的智慧安全服务平台和配套项目。李发彬强调，“思维路径依赖是限制人们安全能力提升的一大瓶颈”，未来顺德将建成安全和应急“三馆两中心”，投资配套建立规模超亿元的“顺德城市安全发展公益基金”投资，支撑安全生产培训、体验等公益项目运营，满足人们安全思维迭代更新和智慧化应急逻辑建立等安全需求。

另外就是探索以村级工业园区智慧化综合管理服务助力顺德经济高质量发展换挡提速。村级工业园已经成为当前和今后顺德发展大局中，牵一发而动全身的关键。“村级工业园转型发展能走多远，将决定顺德未来能走多远。”李发彬表示。而他推动实施的村级工业园区智慧化综合管理服务，将在工业园区物业硬件升级、公共设施安全智能升级、安全生产综合管理服务机制高效运作、工业服务业资源注入园区等方面发挥积极作用。

躬耕不辍付春华，木铎之心待秋实。在中国共产党佛山市顺德区第十三届代表大会第四次会议上，李发彬被顺德区委区政府表彰为“担当有为先进个人”。

可以预见，在安全发展和应急管理创新的新时代初心使命召唤下，李发彬将带领顺德应急队伍蹚出一条智慧化应急安全管理的康庄大道。

怕得罪人就干不好安监 退伍老兵“换种方式”守护人民安全

——重庆市大足区金山镇安监办 刘 建

“我从1984年退伍回到大足区工作后，就一直跟安全监管离不开，屈指算来，35年啦！”刘建说。

35年前，刘建在西藏乃堆拉山口做了8年的侦察兵。退伍后，他来到重庆市大足区回龙镇（原回龙乡）治安室工作。“那会儿治安室的工作涵盖交通安全、消防安全、治安安全等。”刘建说，从那时起，他便与安全监管工作分不开了。

“我是从战场上下来的，还怕你不成？”

1999年4月4日下午，刘建与妻子乘车从金山到大足，途中，见到一名青年男子正在行窃，遂将其按倒在引擎盖上。扒手威胁刘建：“少管闲事，你不怕被报复吗？”刘建回答：“我是从战场上下来的，还怕你不成？”

类似这样英勇的行为，在刘建的经历里已经司空见惯。

“有一回，我准备乘坐公交车返家，刚上车就发现后面3个人急匆匆下车，我疑惑地多看了那几个人几眼，发现他们是流窜的惯偷。”刘建再次出手。

他曾孤身一人擒获过7人的偷盗团伙，也曾与5人的抢劫团伙打斗过……据统计，35年来，刘建单独或配合公安机关抓获各类违法犯罪分子100多人，帮助抢救车祸伤员数十人，当地老百姓对刘建交口称赞。

“跟他一起工作的十几年，老刘的业务能力很强，哪里有隐患他一下子就能发现。”刘建的同事这样评价他。

2019年春节前夕，刘建像往常一样晚饭后在路边散步，突然，一辆摩托车拉着4件烟花爆竹从他身边经过，凭直觉刘建拦下了这辆摩托车，一经盘问和检查，反倒把刘建吓一跳，“这些烟花爆竹全是假冒伪劣产品”。刘建顺藤摸瓜，最终在另一个乡镇一民居内发现了非法储存销售的烟花爆竹150件。

有一次，刘建在夜里加班回家途中，偶遇一男子牵着一头牛。他越想越不对劲，走出几百米后折回追上去询问：“怎么这么晚了还在放牛？你是哪个村的？村支书叫什么？”一连串的盘问让该男子露出马脚。原来他是个小偷，最终被刘建制服并送进了派出所。

“怕得罪人就干不好安监。”

金山镇不大，在镇上工作，大家抬头不见低头见，人情关难过，而安全监管最怕“讲人情”。“怕得罪人就干不好安监。”工作起来，刘建总是板着脸。

道路交通领域一直是刘建关注的重点。“每个礼拜，我至少要上路检查交通安全3次，全年交通执法罚款在3万元左右。”刘建说，在交通安全领域，“不买账”“讲人情”也是他常常面对的“执法困境”。“拿起法律武器’就没有解决不了的难题。”

因此，学习安全监管领域的各类法律法规已经成为刘建闲暇时最

主要的“消遣”方式。“在违法违章面前，只有用《安全生产法》《劳动保护法》《道路交通安全法》等法律法规‘武装’自己，执起法来才能底气足！”

在刘建的努力下，金山镇对安全生产、道路交通、消防等各个领域均进行了专项整治，全镇安全生产水平得到全面提升，并于2012年成功创建了重庆市安全社区。

除此之外，从事安监工作后，刘建发现，很多农民工在发生生产安全事故后，因为对相关法律政策不熟知，在赔偿方面吃了亏。“农民工群体普遍对法律知识了解不多，维权意识也不强，经济条件又相对较差，既然我能帮到他们就多为他们做一点。”刘建是这么说的，也是这么做的。

现在应急办刚刚成立，基层工作千头万绪，尽管即将退休，但刘建依然干劲十足。目前，他正着手准备的一个提案便是应急管理。“应急管理职责内容更丰富，对基层基础要求更高，因此我想就完善基层应急设备设施建设及大力推进基层应急人能力培训方面建言献策。”

让先进技术成为第一安全保障力

——四川省攀枝花市应急管理局 蒋耀港

出生于江西萍乡的蒋耀港，成长过程中见到和听到很多因生产安全事故导致家庭破碎的事情，从小就树立了保护人民生命财产安全的理想信念。2012年，从中国科学技术大学工程力学专业博士毕业后，他毫不犹豫地拒绝了上市企业的高薪聘请，加入了四川省安全科学技术研究院，从事安全科技研发工作。

蒋耀港踏实认真的工作态度、过硬的专业技术，很快得到了认可。2013年6月，四川省安科院与米易县人民政府达成院县合作协议，共

推“省级安全生产示范县”建设。应米易县政府的请求，四川省安科院选派一名安全专家到米易县安监局担任总工程师，蒋耀港最终被选中。2018年4月，蒋耀港到攀枝花市应急管理局（原攀枝花市安全监管局）挂职，担任副局长。

为了解米易县安全生产存在的问题，蒋耀港经常到企业生产一线调研。针对米易县安全监管人员、企业安全管理人员能力不足的问题，他经常邀请四川省安科院专家为安全监管人员和企业管理人员开展专业培训。针对隐患排查走过场、系统性不足、针对性不强、闭环管理不到位等问题，他多次带领专家到企业开展安全诊断，系统排查现场隐患，并以隐患为导向，深入研究问题本质，帮助企业找到病根，对症下药。

针对矿山安全技术水平低的问题，蒋耀港带领团队不断转化先进技术，使得米易县非煤矿山本质安全水平显著提升。通过他的努力，米易县由“非煤矿山重点监管县”变为“非煤矿山重点示范县”。鉴于米易县非煤矿山点多、面广、体量大，蒋耀港积极主导把三维扫描技术应用到非煤矿山安全监管中，有效提升了安全监管的科学性和精准性。随后，他进一步探索三界大数据测控技术在公共安全与资源环境管控等领域的应用示范。随着矿山开采深度和废弃物的增加，矿山露天边坡逐步成为重大风险源，如何对高陡边坡进行管控成为决定矿山安全的关键。为突破该难点，他带领团队深入研究，探索利用“三维扫描+北斗+N技术”模式开展系统监测，从而实现边坡的预测预警。

作为一名技术型干部，蒋耀港在事故处理方面也十分敬业和专业。

2013年10月，米易县冰花兰矿业有限公司发生一起雷击引起的爆炸事故，导致2人被埋、1人受伤。接到报告后，他立即与同事赶赴现场。当了解到现场还有残存的炸药和雷管时，他马上通知现场处置人员不要盲动，而后与四川省安科院专家电话联系，确定现场处置方案。蒋耀港指挥现场处置人员对雷管进行短接，指导抢险人员科学有效开挖。数小时后，被埋者终于被救出。第二天，他又带领技术人员赶赴现场，根据伤者介绍、现场情况、民爆物品使用情况、爆堆情况等分析残存的炸药和雷管位置，制定盲炮处置方案。而后，他与技术人员一起在现场监督，参与盲炮处置工作。通过三天的努力，现场盲炮全部清理干净，此时他脚上磨出了水泡，颈部和手臂晒脱了一层皮，手指也抠出了血。

把青春献给高原的安全生产工作

——西藏自治区阿里地区应急管理局　普布顿珠

“隐患险于麻痹，防范胜于救灾，责任重于泰山。”普布顿珠经常用这句话告诫自己和同事。他深知，蚁穴虽小，但足以溃堤；错误虽小，但足以酿成惨祸，多一点警惕就多一点安全，多一份责任就多一份保障。从事安全生产行业近10年，普布顿珠始终牢固树立“安全第一”的意识，刻苦钻研业务，时刻以躬行者的姿态、饱满的工作热情、执着的敬业精神在基层辛勤地工作，努力用10年积累的安全生产工作经验，将各项安全生产宣传工作想在前、干在前，充分起到了模范带头作用，推动阿里安全生产宣传工作不断迈上新台阶。

加强一个“学”字

近十年来，普布顿珠忠实履行着一名共产党员的光荣职责，坚持发扬“老西藏精神”“先遣连精神”“孔繁森精神”“阿里精神”。他深知，理论武装是安全生产工作的重中之重，无论什么时候，他都能以极大的热情和钻劲，学习安全生产专业知识。他积极探索安全监管的规律特点，结合阿里行业特点、监管重点和区情区况，本着“安全工作无小事”的工作原则，以严谨细致的工作作风，抓好协调、落实具体，体现出高质量的服务水平。普布顿珠认真钻研安全生产法律法规和相关政策，学习安全生产规程标准和基础知识，增强把握安全生产形势的能力，把学习成果转化为实际行动，先后多次参与了地区安委会、安委办及局各项规章制度、办事流程的起草下发工作，努力提高自身综合素质和安全监管能力。

重视一个“教”字

普布顿珠总跟同事们说，安全知识贫乏、安全意识淡薄带来的是血的教训。为此，他组织调动全地区干部群众，特别是企业从业人员提升安全意识，学习安全生产先进理念、管理方式、工作方法，想方设法提高积极性，使理论概念接地气、入人心。普布顿珠制定了2018年阿里地区安全生产监管系统培训计划，组织1名县级领导赴河北保定进行挂职锻炼，督促指导180余名县级分管领导、安监干部及企业负责人参加执法资格证、工矿商贸、职业健康、非煤矿山、危化领域和安全生产综合信息平台等培训。

贯彻一个“干”字

安全是生产之本，普布顿珠始终将安全生产宣传工作挂在心上，落实在行动中。他经常说：“任何制度、标准、措施再完善，如果不落实就等于一纸空文。”“热爱本职工作、勤奋工作、乐于奉献、主动创新、务实争先”是他一贯坚持的工作理念；提升全民安全生产意识，是他平常重点抓的工作。

2019年，他以“防风险、除隐患、遏事故”为主线，组织实施了阿里地区“安全生产月”“安全生产阿里行”等活动，联合地委宣传部制定了《阿里地区2019年安全生产宣传报道方案》，大力宣传各类安全生产法律法规和知识，累计发放宣传资料42950余份，制作展板21余块，发放环保购物袋、围裙、水杯、雨伞等宣传品18380余件，解答群众现场咨询1472余人次；利用地区电视台在“安全生产月”期间每天

定点循环播放各类安全宣传视频60余次；建立了安全监察门户网站与“阿里安全生产微聚焦”微信公众号，公开通知公告、安全动态等信息，宣传政策法规、应急救援等知识。截至2019年，公开信息1262篇，微信公众号推送115余篇；向《天上阿里》《阿里报》投稿20余篇。

突出一个“严”字

普布顿珠在思想上始终保持警钟长鸣，牢固树立清正廉洁的意识。近十年来，他牢记作为一名安全监察人员的职责，坚守依法行政、坚守原则、秉公办事、身体力行，做规范执法、廉洁自律的应急管理人。无论是曾经从事的具体监管、应急救援工作，还是现在从事的安全生产宣传工作，没有办过一起证据不足或者适用法律不准确的案件，没有执行过一起因自身不文明言行引起矛盾激化或不稳定的执法，没有发生过一起因宣传不到位而引发负面舆论影响的事件，做到“有为有威”，体现了一名应急管理人员应有的职业操守。他深知阿里地区生产安全条件落后，安全生产形势严峻，没有一支作风过硬的安全生产宣传队伍，安全监管任务就无从落实。为此，他向局党组提出开展“内强素质，外树形象”系列活动，并注重发挥自身的“传帮带”作用，为新同事传授多年积累的安全生产宣传工作经验，为阿里应急管理事业的发展，特别是为营造浓厚的安全宣传氛围、提高全民安全生产素质贡献自己的一份力。

时间带走了青春，普布顿珠把人生最美丽的青春、最灿烂的年华献给了西藏的安全生产工作，献给了阿里这片高原厚土的安全生产保障工作，不断为“四种精神”注入新的内涵。

“铁娘子”带出一支钢铁队伍

——甘肃省定西市应急管理局　柳生坠

自2012年以来，甘肃省定西市安全生产四项指标、亿元GDP生产安全事故死亡率、道路交通事故万车死亡率、工矿商贸就业人员十万人生产安全事故死亡率连年下降。这一成绩的取得，和定西市应急管理局局长（原定西市安监局局长）柳生坠数年如一日研究安全生产工作规律并不断探索实践是分不开的。

打造“忠诚担当、实干兴安”干部队伍

在柳生坠的职业生涯中，她始终重视增强干部担当力、执行力。在担任安监局和应急管理局党组书记、局长期间，她始终把增强担当能力贯穿于干部选拔任用、教育培育、管理监督全过程，推动班子成员和干部愿意担当、善于担当、敢于担当，让忠诚担当、实干兴安成为定西应急干部的鲜明特质。

多年来，柳生坠坚持组织开展“走在前列好班子”、“一把手”争当“服务发展排头兵”、班子副职争当“真抓实干好助手”等一系列创建活动。在她的组织和带动下，班子成员正身示范，在加强安全生产、防灾减灾、防范化解风险、排查治理隐患、应急处置救援等各项工作中，始终走在前、干在前，在重要时段、重要节点、重大活动中始终做到到岗值守、驻点检查，在违法案件查处过程中敢抓敢管、不枉不纵，在突发事件抢险救援过程中总是冲在一线，直面复杂局面，攻坚克难，解决问题。

注重总结规律，有针对性地解决问题

应急和安全生产管理工作千头万绪，柳生坠经常苦思冥想、反复研究，下基层、跑企业，总结提炼出了“一个牢牢把握、六个全面加强、三个始终坚持、七个逐步转变”工作思路，得到甘肃省和市县领导的认可。她全面推行的企业安全生产“责任制、报告制、承诺制、公示制、评估制”五制，已经成为定西市乃至甘肃省狠抓企业安全生产主体责任落实的重要抓手。她率先推动开展的风险分级管控和隐患排查治理双体

系建设，为全省提供了可复制可推广的典型工作经验。

“打铁必须自身硬”，这是柳生坠经常强调的一句话。为了掌握第一手情况和资料，她几乎走遍全市7个县（区）所有高危企业和重点生产经营单位，成为省内为数不多的“政治强、业务精”的行家里手。

她撰写的课件和理论文章有30多篇，听她讲课的人数达到2万。定西市应急管理局成立后，她第一时间带领班子成员沉下身子、深入基层，及时开展应急管理体系、应急救援准备、应急管理改革等事项落实，乡镇应急管理机构建设“四大模块”调研等工作。

面对制约安全发展的瓶颈，她迎难而上，一一突破。针对一揽子管理、分工不明不细、重复检查和监管盲区并存等问题，她提出实施“精准监管”，聚焦关键点，对全市8970多家重点企业实行实名制、户籍化、网格化管理，对重点监管对象、重大隐患和重大危险源实行“一企一档”，制作“作战图”，实行“挂图作战”。针对行业部门互联互通、协调联动性不强的问题，她提出实施“联动监管”，形成一盘棋，推动该市构建并固化了“市委市政府季督查，县区和行业主管部门月检查，企业周自查”的督查检查机制、政府部门企业应急管理协同联动机制和不枉不纵的事故调查处理机制。

层层推动夯基础，压茬推进抓落实

为了尽最大努力避免事故发生，柳生坠层层推动夯基础，压茬推进抓落实。

柳生坠多方汇报，上下对接，硬是在定西市筹集890余万元建成了总面积1100平方米的安全生产宣教中心。连续8年组织“安康杯”安全生产知识电视大奖赛，累计参与人数达100余万。在她的倡导和推

动下，全市建成一线应急管理宣教微信群3200余个，全市各级各类学校全面开设了安全课程。

为提高监管效率，激发企业内生动力，她提出并推动在安全生产领域开展“抓促帮带争创”活动，形成了“比、学、赶、帮、超”的氛围和“以点促面、示范引领”的效应。

同时，她坚持“打”“治”结合，“堵”“疏”并重，严厉打击各行业领域的非法违法生产经营建设行为，将失信企业纳入安全生产“黑名单”，保持了安全生产严管、严治、严打的高压态势。定西市连续8年无重大事故发生。

在柳生坠的推动下，定西市率先在甘肃省建成了市级应急救援指挥大厅、应急指挥中心，依托重点企业建立了6个应急救援基地。自2011年以来，该市连续9年组织了全市安全生产综合应急演练。

应急管理局成立后，柳生坠精心策划组织开展了“2019年地震强降雨引发泥石流和输油气管道泄漏起火燃爆灾害事故救援省市联合应急演练”。

多年来的实战演练，历练了队伍，磨合了机制，为全市应急管理体制机制改革后搞好救援工作积累了经验、奠定了基础。

忠诚的红门卫士

——新疆生产建设兵团农七师五五工业园区消防危化应急救援中心　丁新安

面对血与火、生与死的考验，无论是自然灾害救援还是火灾事故处置，新疆生产建设兵团七师五五工业园区消防危化应急救援中心战斗班班长丁新安始终把爱岗敬业、无私奉献作为自己的目标，凭借自己专业的技术和冷静的判断，带领队伍圆满完成辖区火灾扑救和应急救援任务，用自己的双手保障了人民群众的生命财产安全。

无论何时，丁新安都会冲锋在前。在他的心中，保障人民群众的生命财产安全是一个消防人最高的使命。2018年11月30日，值班室接

到报警，129团一小区地下室发生火灾。接到救援电话后，指挥员迅速安排一辆消防车、4名消防战士赶往现场。经过询问户主，丁新安确定火情是由于地下室内棉花堆积阴燃引起的，暂无人员伤亡。一口气还没放松，户主又说：地下室内门后还有一壶汽油。丁新安毫不犹豫，立刻就进入地下室。因烟雾较大，能见度较低，他只能在一支水枪的掩护下，艰难地摸着墙到达着火的地下室门外，以最快的速度撞开门，将门后的油壶拎出。事后回想这次救援经历，他说："因为（汽油）随时可能爆炸，甚至有可能造成人员伤亡，我当时没考虑别的，第一反应只想马上把它揪出来，尽我最大的努力把这个危险消除了，防止造成更大的损失。"

虽然在工作中丁新安待人待己都非常严格、毫不马虎，但是在身边人的眼中，他依然是一个暖男。中心战斗班队员范晓东说："班长特别关心我们的生活、训练。他时常会主动去食堂看伙食、提意见，帮我们改善伙食。训练中如果有队员累了，背不动水袋，他也会主动过去帮助掂水袋，规范动作。"在生活中，丁新安关心自己的战友，在执行任务的过程中，他更是把战友的生命安全看得比自己的更重。宋冲是刚刚加入应急救援中心的一名队员，由于经验不足，前不久在执行一次救援任务时，他差点被房屋上的瓷砖砸中受伤。当时丁新安想都没想，赶紧拉了他一把，自己挡在前方。宋冲说："如果当时丁班长不拉我，那个瓷砖就砸到我头上了，肯定会受伤。在我眼里，他就像哥哥一样。"

从事消防工作十几年来，丁新安用实际行动践行了自己保护人民安全的誓言，用无悔的青春书写了自己对消防事业的热爱，用忠诚的红门卫士形象展示了园区消防人的风采，赢得了大家的称赞。应急救援中心队长伍平表示，丁新安班长自到应急救援中心工作以来，参加地方救援和社会外勤10余次，挽回经济损失50余万元，是应急救援中心所有人学习的榜样。

“做什么都要做好”

——应急管理部信息研究院　刘　璐

她看上去就是一名普通的北方姑娘：憨厚的外表，踏实的性格，时刻把“做什么都要做好”这句话挂在嘴边，同事们喜欢称她为“女汉子”。她就是应急管理部信息研究院科研技术岗位高级工程师——刘璐。

爱思考的糊涂妈妈

对于自己的工作职责，刘璐是这样认识的：“安全生产工作关系着千千万万工人的生命，多一项安全理论成果的转化与应用，就能为工人兄弟们增加一份安全保障。”为此，她对自己的工作不断提出更高的要求。有一次，为了攻破一项技术难题，她冥思苦想，回到家做饭的时候还在思考如何创新思路，思考怎样推动研究成果落地。一有思路，她马上拿起电话跟同事讨论。等他们终于把问题分析清楚放下电话，刘璐才发现锅里的菜都糊了。此后，刘璐的孩子给她起了一个绰号——“爱思考的糊涂妈妈”。

从事安全生产理论政策研究工作12年，刘璐主持或参与完成国务院参事室、科技部、应急管理部、国家发改委及相关政府部门和企业委托的重点课题70余项，参与编写出版著作3部，发表学术论文和文章30余篇，研究成果曾获多位中央领导同志批示，先后获得第五届安全生产科技成果奖一等奖和三等奖，在服务应急管理事业发展方面作出了积极贡献，充分发挥了模范带头作用。

2个月奔赴40多个区县调研

2017年，她带领团队承担、参与了国务院参事室重点课题研究工作。面对人少事多、科研基础薄弱等状况，她秉持勇于破解工作难题的精神，与同事们一起奔赴多地开展调研。

为留够充足的时间开展沟通交流，她经常是天不亮就奔赴目的地，深夜回到宾馆还要继续撰写调研情况总结报告，次日凌晨到家，休息一会儿后继续去上班。在她的努力下，她与同事们共同研究提出的5篇政策建议文稿得到了多位中央领导同志批示，并批转至应急管理部、国务院法制办、工信部等部门研究论证并落实。

2016年，参与国家安监局统计司系列抽样调查工作期间，刘璐为了获得第一手研究数据，在2个多月时间里奔赴40多个区（县）基层安监部门、矿区现场调研。有时候，她连续奔赴4个区（县），调研八九个矿区、企业，没有时间坐下来吃饭，面包、矿泉水代餐是常有的事。最终，她和团队的研究成果《生产安全事故统计管理办法》以国家安全监管总局令的形式印发实施，推动了安全生产领域统计制度改革，开创了我国安全生产领域建立统计数据抽样修正制度的先河。

2018年，为贯彻落实中办国办印发的《关于推进城市安全发展的意见》精神，按上级指示安排，她带领团队积极推进城市安全工作调研，先后组织完成了《〈关于推进城市安全发展的意见〉学习读本》及《国家安全发展示范城市评价与管理办法》《国家安全发展示范城市评价细则》等重要政策文件的起草工作，为国家有关部门开展城市安全顶层设计工作提供了有力支撑。

边坡雷达自主研发

——国家安全生产应急救援勘测队

这是一支由博士、硕士研究生组成的救援保障队，哪里发生了大型滑坡灾难，哪里就有他们的身影。他们操作着监测仪器，紧盯山体变化，要在二次滑坡发生前拉响警报，撤离人员。这支队伍就是国家安全生产应急救援勘测队（以下简称勘测队）。

勘测队于2016年3月依托中国安全生产科学研究院（以下简称中国安科院）组建，2018年1月被正式列为国家级专业救援力量，共有队员28人，主要任务是为滑坡、坍塌、溃坝的抢险救援提供灾情勘察、

风险分析和安全监测技术支持。

开启边坡雷达的国产化之路

边坡雷达是勘测队的研发成果，也是进行应急监测的主要装备。它可以在几公里外监测到山体的风吹草动，提前发现滑坡隐患。这种高精度的设备，在以前完全依赖国外进口，每台的价格动辄上千万。从2011年开始，一群中国安科院的青年学者，开启了边坡雷达的国产化之路。4年之后，他们推出了我国首套自主知识产权的S-SAR型边坡雷达，性能达到国际领先水平，打破了国外的技术垄断，迫使进口设备大幅降价。自2016年以来，国产边坡雷达已在全国部署了30多台，累计为国家节省外汇约2亿元。对于这一点，勘测队员们都很自豪，作为科研人员，他们最高兴的就是看到研究成果被应用到实际中，能够发挥重要作用。

国产化装备的性能是否值得信赖，关系到成千上万人的生命安全。在边坡雷达刚刚研制成功之初，一切并没有这么顺利，但队员们始终背负着强烈的使命感和责任感。“必须到救援现场去，了解实际需求，把论文写在祖国的大地上！”于是这帮穿着白大褂的科研人员组建了救援队，他们平战结合，平时是研究人员，研发设备；战时是勘测队员，操作仪器。4年来，他们结合一线救援的实战经验，不断提升装备性能，共派出78人·次，历时922人·天，为15次重大救援行动提供了5000余小时的安全监测保障。在一次次的灾难面前，他们研制的S-SAR型边坡雷达，在千里奔袭、长途搬运的情况下，通过了台风暴雨、高温湿热、严寒暴雪、高原高海拔等恶劣环境的考验，多次成功预报险情，稳定了灾区群众的情绪，坚定了应急救援指挥部的信心。

同时，勘测队在救灾中示范使用无人机、卫星遥感、激光扫描仪等先进技术装备，带动了滑坡应急救援监测技术的发展。

不畏艰险，坚守岗位

勘测队的队员虽然都是科研人员，但他们与消防队员并肩战斗，面对烈日暴晒、严寒冰冻、高原缺氧、蚊虫叮咬等各种困难，赴汤蹈火、风餐露宿、坚守岗位。队长马海涛博士，不慎将左腿韧带撕裂，石膏刚刚拆除，就拄着双拐上班，投入到科研工作中；副队长于正兴博士，在贵州晴隆滑坡救援现场的瓢泼大雨中，发着高烧、坚持工作，保障了西气东输管道的快速恢复；边坡雷达Ⅱ型的总设计师杨晓琳博士为了获得第一手数据，在历次救援行动中从不缺席、连续战斗，浙江苏村滑坡发生时，正值国庆假期，他带领队员毫不犹豫地奔赴灾区，在现场一待就是28天，没有一句怨言；为了解决Ⅰ型雷达的便携问题，杨晓琳博士经常亲自搬运沉重的设备，因劳累过度引发胸膜炎，住院期间仍不放下手中工作，反复修改设计；在金沙江堰塞湖抢险行动中，后勤补给道路中断，秦宏楠博士带领勘测队员忍受着严重的高原反应，砍树枝、烤土豆、喝江水，在山顶监测点坚守10余天，保障了人工引流渠的成功开挖……

义务救援，无偿服务

在历次救灾行动中，勘测队坚持义务救援、无偿服务、费用自付的原则，不给灾区增加负担。此外，勘测队充分发挥专业优势，及时响应灾区关切，为道路抢通、村镇搬迁、灾后重建、隐患治理提供技术支持。灾区的政府和人民群众给他们发去感谢信、送去锦旗，把勘测队的先进事迹镌刻在村委会的功勋墙上，表彰他们为灾区所做的贡献。

“为每一座危险边坡都安装警报器”是勘测队的理想和追求。勘测队依托中国安科院边坡雷达研发团队，希望自己的科研成果能够真正解救灾难、竭诚为民。面向新时代大国应急管理的重大需求，他们正在着手研发重量更轻、体积更小、速度更快的新型雷达，服务安全生产和应急救援。未来，相信他们能够继往开来，再接再厉，对党忠诚，听党指挥，继续把青春和热血奉献给应急管理事业！

红墙旁的安全守护者

——北京市西城区西长安街安全生产检查队

西长安街街道地处国家政治核心区和首都功能核心区，有全国著名商业区——西单商业区，地区安全生产工作尤为复杂和烦琐。2015年1月，西长安街街道安全生产检查队成立。现有专职安全员23人，其中中共党员3人、团员3人。检查队设队长1名、副队长4名，创新设立商场检查组。检查队实行“统一管理、分组包片、责任到人”的管理原则。

对标首善标准，践行保障地区安全新精神

自2015年成立以来，街道安全生产检查队始终保持绝对的忠诚，自觉同党中央保持高度一致，全力以赴圆满完成历次重大活动、重点时期安全保障工作任务。在全国两会、APEC会议、“9·3”阅兵、“一带一路”高峰论坛等重大安保任务面前，街道全体专职安全员充分发扬“红墙精神”，不怕苦不怕累，始终奋战在前。始终秉承责任担当，以精益求精的态度保障安全生产工作，街道安全生产检查队在重大活动、重点时期，全体队员周末不停歇，持续对辖区内生产经营单位开展“地毯式”安全检查工作，不遗余力保障地区安全生产工作稳定。始终追求首善标准，以舍我其谁的精神状态、争创一流的昂扬斗志和奋发有为的精神风貌不断提升安全生产工作规划化、统一化、标准化水平。紧跟时代，运用大数据不断提升街道安全生产工作品质，切实化解安全风险，保障地区企业及群众人身和财产安全，着力构筑安全祥和街区。

积极改革创新，探索开启安全管理新模式

坚持改革创新，积极探索地区安全生产工作管理新路径。街道安全生产检查队紧紧围绕“安全第一、预防为主、综合治理”安全生产方针，坚持以人为本，坚持安全发展，结合西单商业区楼宇多、人流量大的特点，牢固树立精细化管理理念，创新安全生产工作管理新模式。街道安全生产检查队西单商业区安全检查组，采用“分楼包片、责任到人、细化管理”的工作模式，设立两个商场检查组，共8人，以西单北大街为界限，分为东西两区，各组对其所管辖商业区进行日常监督检查。检查

组加强对西单商业区安全生产工作的管理，强化企业安全意识，推动企业安全生产责任制落实，促进地区安全生产工作有效开展。

坚守底线思维，营造开展隐患排查新常态

街道始终绷紧“长安街无小事、事事关政治”这根弦，不折不扣将地区安全生产工作事无巨细做到位。街道安全生产检查队坚持以人民为中心，守好安全红线、底线和生命线。针对西单商业区夜间施工作业、有限空间作业等特殊情况，街道安全生产检查队特设立夜间安全检查组，定期开展夜查常态工作，每周“地毯式”排查夜间施工情况、特种作业人员持证情况、有限空间作业情况。一线执法专职安全员在完成白天工作任务后，不怕疲劳连续奋战，以高度责任感和安全使命感，深入夜间施工现场开展隐患排查工作。长期的夜间安全检查已获得明显效果，地区施工单位已能自觉遵守安全生产相关规定并严格按照安全标准进行作业。

作为离党中央最近的街道，街道安全生产检查队始终将地区安全放在心中最高位置，牢牢树立红墙意识，深入践行红墙精神，全力打造红墙品质，努力争创先锋“红墙安全卫士”检查队。

深化安全攻坚　一年检查企业逾8万家次

——河北省廊坊市应急管理局

在河北省委、省政府正确领导和廊坊市委、市政府大力支持下，廊坊市应急管理局认真履行安全生产监管职责和安委办综合协调职责，严格贯彻落实安全生产法律法规和政策措施，完善监管体系，深化安全攻坚，全面推进安全生产风险辨识管控和隐患排查治理体系建设，生产安全事故起数、死亡人数逐年下降，2017年度廊坊市安监局被评为全国安全生产监管监察先进单位。

强化政治意识，党政领导安全责任进一步压实

廊坊市区位特殊，责任也特殊。廊坊市应急管理局坚持“党政同责、一岗双责”。2018年共提请在12次市委常委会和市政府常务会、52次安全生产会议上研究部署安全生产工作，市委市政府主要领导批示安全生产工作153次、带队督导检查16次。严格落实“三个必须”要

求，明确了市四套班子18位成员安全生产包联县（市、区）和市直部门，22个市直部门195名处级干部包联企事业单位，各县（市、区）同步建立领导包联责任制。严格落实地方党政领导干部安全生产责任制。在严格落实国家和河北省规定的基础上，进一步强化责任担当，规定市、县两级政府所有副职都担任安委会副主任，市、县两级政府均由常务副职分管安全生产工作，市、县两级重点行业主管部门均由党组副书记或排名第一的副职分管安全生产工作。层层压实责任、传导压力，加大对党政领导干部履行安全生产职责督导力度。2018年将安全生产履职情况纳入市委督查室、市政府督查室每月督导内容，累计督办事项102项。制定出台《廊坊市安全生产考核办法》，加大安全生产工作在全市综合考核评价指标体系中的权重，严格执行“一票否决”制度，倒逼安全生产责任落实。

坚持问题导向，安全风险防范能力进一步提高

廊坊市应急管理局进一步强化“隐患就是事故，事故就要处理”的理念。加强安全隐患排查。2018年市安委办连续牵头组织开展了三轮安全生产隐患排查整治攻坚行动，检查企业81550家次，排查一般隐患13.6万项、重大隐患114项，全部整改到位。加强安全执法检查。2018年全市共执法检查企业9722家，发现隐患问题24067项，立案2136起，实施经济处罚3125万元，分别同比增加42.9%、21.4%、44.1%和79.7%，年度考核全省第一。加强隐患整改督办。2018年廊坊市安委办共印发整改令、督办通知、内部通报、监察建议书等270期，约谈问题企业和单位负责人327人次，受理并依法办结举报51件。建立安全隐患曝光制度。2018年通报曝光并督办整改各类隐患118期、11000万项。

夯实安全基础，安全监管队伍建设进一步强化

为加强安全生产监管队伍建设，廊坊市应急管理局主动作为。推动在19个市直和244个县直行业主管部门设立安全生产管理机构，共配备工作人员786人；全市所有乡镇（街道）、园区全部建立安监站，配备人员594人。为保障农村“煤替代”工程安全，全市配备企业安全巡查员1391名、村街协管员3978名。建立安全生产工作日常调度机制，坚持每季度第一周组织召开安全生产季度例会，建立了市、县两级党政领导和市级行业主管部门主要负责同志在内的安全生产工作微信群，每天在工作群中及时通报情况、调度工作。2018年通过工作群制发各类市安委办通报、警示、安全提示220期。推行重点行业领域企业自查自报制度，委托专门机构，研发了“智慧安监”系统，在重点行业领域企业全面推行安全生产隐患自查自报。已有1665家企业通过“智慧安监”系统上报

自查隐患30315条，整改30148条，整改率达到99.4%。建立完善安全生产宣教工作机制，将安全文化纳入党委、政府宣教工作重点，2018年全市共开展各类安全生产宣教活动149次，设置宣传牌6300块，播放安全生产宣传片70万条，在全社会形成了浓厚的安全文化氛围。

强化应急管理，安全应急救援能力进一步提升

扎实开展应急救援演练。在全市范围内开展较大规模演练334次，动用各类装备器材9132台（套），参演人次累计34792人次。强化应急救援队伍建设。吸纳社会力量，扩充市应急救援队伍从13支到16支。加强应急物资储备。充分利用企业应急资源，建立应急物资储备库两个。其中，金海化工危化品应急物资储备库储备了30吨液体氢氧化钠、50吨熟石灰（氢氧化钙）、30吨浓度为30%的稀盐酸，并配备了8台专业运输车辆，以应对在生产安全事故中可能出现的酸性、碱性危险化学品泄漏；管道局维抢修公司储备了价值4000余万元的封堵抢险类专项应急物资，用于应对油气管线泄漏事故。全面开展通武廊安全生产应急联动机制试点建设，积极与北京市通州区和天津市武清区开展京津冀协同应对事故灾难试点建设。目前，已完成次区域应急能力调研工作重大危险源数据和信息收集完善、应急信息化平台建设、《通武廊生产安全事故应急联动预案》制定、京津冀三市（区）联合应急演练等工作。落实重大危险源备案管理。利用“互联网＋”综合监管平台，完成了对全市68家重大危险源企业的备案工作，组织备案工作专项检查一轮次，更新完善了重大危险源数据库。

狠抓安全生产基本盘　为乌审绿色崛起护航

——内蒙古自治区乌审旗应急管理局

鄂尔多斯市乌审旗应急管理局是一个充满活力与挑战的年轻组织，成立于2019年2月2日，为乌审旗人民政府直属部门，肩负着乌审旗应急救援、安全生产、防灾减灾救灾等工作职责。成立至今，乌审旗应急管理局从“抓党建”“提能力”“塑文化”入手，经常性深入基层一线，广泛开展应急知识宣传，为绿色乌审崛起保驾护航。

规范党建引领，改变工作作风

“党政军民学，东西南北中，党是领导一切的。”唯有把党务和业

务更好结合起来，才能让党的领导贯穿各个环节，在各项工作中发挥党建引领的作用。基础牢固、支撑有力，乌审旗应急管理局深知党建工作的重要性，不断开展各项活动，完善党组织制度、强化党组功能、加强党组建设，坚持党建工作与业务工作同谋划、同部署、同推进、同考核，坚决克服“两张皮”和“一手硬、一手软”问题。

在长期工作中，乌审旗应急管理局结合业务工作推出了“党建引领、安全卫士”党建活动品牌，确定了“四抓四建”工作抓手，为党建工作顺利开展打下了良好基础。

一是抓好思想政治教育，建设忠诚安全卫士。落实“三会一课”制度，开展主题党日活动，常态化推进“两学一做”，充分发挥党员的先锋模范作用。

二是抓好业务学习，建设专业安全卫士，鼓励支持干部报考注册安全工程师、注册消防工程师，提升干部专业化水平。

三是抓好安全生产一线管理标准化建设，建设效能卫士。“七个一线”安全工作法在鄂尔多斯市深化改革工作中复制推广。

四是抓好党风廉政建设，建设廉洁安全卫士。通过经常性的警示教育、理想信念教育，完善制度机制，规范职员品行。乌审旗应急管理局党建工作规范有序、特色鲜明，极大地改善了职员的服务态度和工作效率，为乌审安全生产提供了有力支撑。

强化业务能力，提高工作效能

绳短不能汲深井，浅水难以负大舟。事业要发展、难关要攻克、风险要防范，必然要求全体干部在干事创业上拥有较强的业务能力。针对安全监管干部的业务水平相对较低的状况，乌审旗应急管理局成立初期便严格要求全体干部掌握新知识、熟悉新技能，不断加强学习，提高自身业务水平。

为加强业务交流，提升水平，乌审旗应急管理局推出了“走出去、请进来、进学堂、到现场”一体化的干部素质提升方案，为职员提升业务水平提供了有力支持。

“走出去”，组织监管干部赴南京、常州、大庆等地调研学习，找差距、拓思路、补短板，形成的高质量调研报告得到了旗委、政府的认可，学习到的很多经验已应用到具体监管工作中。

“请进来”，将中国安全生产科学研究院的“实力派”专家和高校的“学院派”教授充实到安全生产专家库，定期举办“专家讲安全”活动，让更多的干部有机会拓宽安全视野。

“进学堂”，2016年和2018年在内蒙古科技大学和鄂尔多斯生态环境职业学院组织了两期监管干部脱产培训班，70名干部接受了一个学期的安全专业教育。通过专业辅导，17名干部通过了注册安全工程师考试。

“到现场”，选派干部到企业一线驻厂学习，让干部在一线中历练，在一线中锻炼成长，掌握新知识、熟悉新领域、开拓新视野。乌审旗应急管理局紧跟时代的步伐，从容应对新挑战，肩负起时代重任。

植根安全文化，凝聚共识力量

“一年好景君须记，正是橙黄橘绿时。”安全制度普及需要的不是形式上的呼喊，而是惠及于民的文化建设。乌审旗应急管理局通过开展文化活动和宣传，在润物细无声之处普及安全文化，让人民群众逐渐成为安全生产的主人公，主动遵循制度、普及知识、传承文化，极大地增强了乌审社会的安全生产意识。

管安全靠制度只能管一阵子，靠文化才能长治久安。乌审旗应急管理局在加强文化建设方面狠下功夫，不断推动安全知识进基层、入民心。唯有每位员工树立安全理念、明白安全常识、应用安全措施，才能从根本上预防和减少事故的发生。

在营造浓厚的安全氛围方面，乌审旗应急管理局做了大量工作，实施了“一篇、一街、一廊、一栏、一片、一杯”的“六个一”安全文化创建项目。

“一篇”即在《绿色乌审报》刊登安全生产专篇，及时报道全旗安全生产工作动态，推动安全生产信息公开。

“一街”即在中心镇和每个项目区各打造了一条安全文化街，开展图文并茂的安全知识宣传。

“一廊”即在重点企业设立安全文化长廊，营造企业安全生产氛围。

“一栏”即在旗电视台开设安全生产专栏，轮播安全短片、公益广告，提升城乡居民安全文明意识。

“一片”即拍摄制作安全生产教育宣传片和微电影。近年来拍摄的《强化一线管控，创优发展环境—— 争做全市安全生产排头兵》《美丽的烟花》《生命至上》，在社会上引起了强烈反响和共鸣。

“一杯”即举办“安康杯”系列活动，丰富安全生产月宣传内容，组织了知识竞赛、演讲比赛、摄影展、文艺巡演、巡回宣讲等多项活动，说书、快板等宣传形式深受群众喜爱。人心是最大的政治，文化如同阳光与清风，能够启迪思想、温润心灵、陶冶情操，于无声之处让安全知识深入人心。

乌审旗应急管理局狠抓安全生产基本盘，积极落实机构改革要求，强化应急管理职能职责，近年来乌审旗未发生较大以上生产安全事故。乌审旗应急管理局被评为2018年全区“安全生产月”先进单位，2014—2015年度全区“安康杯”竞赛活动组织工作优秀单位，2016年、2017年全市“安全生产月”先进单位，2018年度全市安全生产工作突出单位；2015—2018年连续四年被旗委、政府评为实绩考核突出单位。乌审旗应急管理局各项工作蹄疾步稳，在护航乌审绿色崛起中发挥了积极作用。

严查化工行业安全隐患　为甬城安宁保驾护航

——浙江省宁波市应急管理局危险化学品和矿山监管处

海之滨的宁波，是国家石化产业基地和原油储备基地之一，是华东地区重要的液体化学品集散地。全市共有危险化学品生产企业122家、发证使用企业12家、经营单位3328家，其中涉及重点监管的危险化工工艺企业52家、涉及重点监管的危险化学品企业88家、构成危险化学品重大危险源企业128家、危险化学品运输企业122家，年危险化学品槽罐车出运量达55.4万余辆（次）。镇海区、北仑区和大榭开发区更是石化产业的主要集聚地，被列为国家危险化学品重点县。

宁波市应急管理局危险化学品和矿山监管（审批）处的杨建飞和他的

同事们，就是天天和这些企业打交道的安全监管人员。他们常年奔走在厂矿、车间、救援一线，晨曦中、夜幕下，钻管廊、爬矿山，他们没有消防战士面对火场那“美丽的逆行”，也没有公安干警面对歹徒那无畏的壮举，但始终以炽热的心、满腔的真情和奉献的精神坚守在平凡的岗位上。

2019年3月下旬，在对一家使用危险化学品生产表面活性剂的企业进行执法检查时，发现企业存在未定期开展安全评价等重大事故隐患，他们立即对企业发出了现场措施处理决定书，责令暂时停止生产、停止两个储罐存放危险物质——环氧乙烷（极易燃烧爆炸），并对涉嫌违法行为进行立案调查。面对严厉的处罚和停产，企业老板情绪异常激动并抵触。但他们始终以负责任的态度，反复给企业老板讲道理、摆事实，最终促使企业接受了处罚决定，停止了危险化学品生产，并拟对企业进行转型升级。

2019年3月8日20时15分左右，危化处副处长符贵成从睡梦中被一串急促的电话铃声惊醒：“在穿好高速郭巨出口前300 ~ 400米匝道弯道下坡位置，一辆载有乙腈集装箱车辆发生侧翻，需赴现场协助应急处置。”他立即放下电话，叫上同事分头赶赴现场。一辆载有16吨乙腈的集装箱车，由于雨天路滑且车速过快，拐弯时造成箱体翻落并与护栏发生碰撞受损，随时有泄漏危险，情况异常紧急。经与多部门联合现场应急指挥施救，翻落的罐箱于凌晨4时20分左右吊装运输至安全地带，未发生泄漏，高速公路恢复了正常通行。

上面的案例，只是他们日常工作中最常见的一个镜头。执法过程中，面对企业拍桌子、砸杯子、拒绝签字等不理解乃至过激行为，他们都会晓之以理、动之以情，用大爱化解隐患和风险；应急救援时，面对因周末或夜晚被打乱而导致的妻子不满、孩子抱怨，他们都会带着愧疚的身影冲锋在救援一线。慢慢地，他们得到了全市大大小小企业的认同与赞许，得到了家人的理解与支持。

近年来，为进一步有效化解影响化工行业安全发展的瓶颈问题，为市委市政府提出的打造万亿级绿色石化产业集群目标保驾护航，他们又头顶使命、肩扛责任，打出了一套安全生产监管组合拳。

他们组织成立了宁波市危险化学品企业安全生产协作交流平台，选取了化工园区（集中区）49家重点化工企业，按不同企业性质、生产规模和危险工艺分组开展交流活动，通过企业间互学互补、互查互比和“走出去、请进来”等形式，实现了企业间安全生产优质资源共享，有效推动了全市危险化学品企业安全生产管理水平整体提升，越来越多的企业加入平台之中。

他们紧抓企业主要负责人、安全管理人员的培训教育和安全资格取证工作，加强培训过程监管，严把师资遴选和课程关，落实全程跟班，坚决杜绝缺课、代学、替考问题发生，提升了培训实效，进一步推动了企业安全生产主体责任落实。

他们通过采取政府、企业购买服务等形式，全面实施特殊作业引入第三方技术服务，加强特殊作业环节管控和技术把关，有效防范了事故发生，受到全市企业的欢迎。

杨建飞说:“化工是高危行业，也是宁波的支柱产业，为其保驾护航是我们的神圣职责，我和我的同事们，将始终不忘初心、牢记使命，不为鲜花与掌声，只为保障甬城市民生活安定和谐尽自己一份力。”

一锤子一锤子敲出一座座安全堡垒

——山东省聊城市应急管理局

一面是辖区有危险化学品生产经营单位1425家，涉及光气、氨、氯等重点监管危险化学品36种，涉及加氢、过氧化、电解等高危险工艺15种，辖区道路上每天呼啸而过的危化品车辆达2500余辆……一面是连续7年实现事故起数和死亡人数双下降，这两种状况同时出现在山东省聊城市。聊城市应急管理局是如何做到在复杂的条件下安全状况逐步好转的？“我们就是以钉钉子精神，一锤子一锤子敲出一座座安全堡垒。”该局负责人表示。

连续7年“双下降”咋做到的？

聊城市是一座新兴工业城市，传统工业和新兴产业带来的安全生产压力交织并存。2019年1月29日，聊城市应急管理局组建，仅有43人的

"年轻"单位，却承担着全市2万余家工矿商贸生产经营单位的安全监管任务。为化解"监管力量弱、监管事项多"的矛盾，聊城市连续3年聘请第三方机构对全市260家危险化学品及重点工矿商贸企业开展诊断式检查，共查出各类安全隐患21532项，并推动快速整改。3年来，全市工矿商贸领域未发生较大安全事故，连续7年实现事故起数和死亡人数"双下降"。

"安全是大事，说得再具体点，这是关乎人命的大事业。"聊城市应急管理局党组成员、副局长张淑滨说。在聊城，抓安全生产，第一道关口就是风险防控。因此，聊城市在山东省率先全面开展双重预防体系建设。

聊城市应急管理局为此定下"三个一律"铁律，即凡是未完成建设任务的县（市、区）一律考核评定不合格，凡是未完成建设任务的行业主管部门一律通报批评，凡是未完成建设任务的企业一律停产停业整顿。2019年，该市208家省、市、县标杆企业和所有规模以上及高危企业均完成双重预防体系达标创建工作。

此外，聊城市应急管理局对相关企业实行"重点关注""黄牌警告""一票否决"渐进式管理。2018年，该市共对4个单位进行"重点关注"管理，对5个单位进行约谈，对3个单位实行"一票否决"。

改进工作让工人一举两得

聊城市应急管理局依托鲁西化工集团建立了山东省危险化学品鲁西安全生产应急救援中心，依托信发集团、阳谷祥光铜业有限公司分别建立了专职应急救援队伍。这些队伍有专业的救援人员，成员不从事生产，平时开展训练和演习，随时准备出动应对危险状况。2019年，这些“一企主建、多企供养、政府扶持”的应急救援队伍初具规模，当地群众对这一创意赞不绝口。

“真的特别感谢应急管理局的工作人员。以前我们上晚班得次日凌晨一两点才下班，现在当天晚上10点多就下班了。”阳谷祥光铜业有限公司的一名工人说，并口述了一封感谢信。

阳谷祥光铜业有限公司是山东省铜冶炼行业的一家著名企业，也是聊城市双重预防体系建设标杆企业。在该企业开展双重预防体系建设过程中，聊城市应急管理局的工作人员先后70余次深入企业开展调研、指导。遇到问题，该局及时聘请省级专家对企业给予技术指导，还督促企业安排工人定时排查风险点，增强工人的安全意识和确保安全的能力。

“一开始，工人们都很不满，觉得这样就给自己安排了额外的活。但运行一段时间后大家发现，做了这额外的工作后，下班反而更早了。”这名工人说。

原来，该企业在生产过程中经常出现机器故障，需要停机检修，这样肯定耽误干活和下班。自从企业要求工人提前开展岗位风险排查后，问题都在第一时间发现和解决。另外，小问题“没有机会”演变成大问题，很快就能解决掉。

“以前，我们白班工作要到下午5点才结束，现在下午3点多就结束了。晚班工作原本经常要忙活到次日凌晨一两点，现在当天晚上10点就结束了。如今我们既能保证休息又能确保安全，实现了一举两得。”这名工人介绍。该厂的1000多名工人都因这项举措的实施为聊城市应急管理局点赞。

坚持党员带头党建引领

安全生产任务繁重，压力日益加大，危险性又高，如何强信念、强作风，调动全员的“战斗性”？聊城市应急管理局的破解之道就是，坚持党员带头、坚持党建引领。

聊城市应急管理局党组书记、局长白立新说，一年来，该局陆续组织开展了“向身边优秀党员学习”、向党旗宣誓、“安全生产监管十佳标兵”和“安全生产执法监察十佳能手”评选、“忠诚卫士”先进事迹巡回演讲、“双十佳”人物现身说法、普通党员讲党课等多项活动，充分调动了全局人员的工作积极性。

聊城市应急管理局还引导辖区企业开展创树“党旗引领、以人为本、安全发展”党建服务品牌活动。2018年，有120余家小微企业实现由被动接受监管向主动开展管理转变。聊城市应急管理局2018年在全市120余个市直部门、单位党建工作考核中获得第一名，在全面从严治党考核中获得第二名。而他们自己最看重的荣誉是，连续3年实现工矿商贸行业领域无较大及以上事故，2018年全市实现无较大及以上事故。

频出“金点子” 建设示范街道

——湖北省大冶市金湖街道办事处

11次被评为“大冶市安全生产先进单位”，6次被评为“黄石市安全生产工作先进单位”，继2015年被授予“湖北省首届十佳安全生产示范乡镇”荣誉称号后，2018年再次获评“湖北省安全生产红旗单位”……这张耀眼的成绩单，属于湖北省大冶市金湖街道办事处。

金湖街道，位于大冶市区西南郊，辖区面积163平方公里，有非煤地下矿山11家，露天采石场3家，尾矿库4座，危化品经营企业10家，

钢铁冶金、水泥建材、机械制造等工贸企业29家，其他商贸企业536家，监管任务重、压力大。然而，自2005年以来，金湖街道辖区无较大以上生产安全事故发生。

金湖街道安全生产形势保持稳定的奥秘，在于该街道办事处的工作人员总有安全监管的“金点子”。比如班前会“151”管理法——上岗前当班带班领导花1分钟对上岗的职工点名，用5分钟进行工作安排和风险告知安全警示，安排1分钟由当班职工带领当班全体职工进行岗前宣誓。这一颇具特色的班前会，正是从2009年以来推行班前会视频电教实践过程中不断探索出来的，并在2017年安徽省召开的基层改革创新现场会上向全省推广。

“没有最好，只有更好。企业安全管理是个不断提升的过程，谁都不能在安全生产问题上打包票。”金湖街道安全生产监督管理办公室书记、主任刘泽明说。为了加强企业间交流和学习，解决基层监管队伍人员不足的难题，从2008年开始，每逢双月，金湖街道安监办将抽调的各企业主要负责人和安全管理人员，按行业划分成若干个小组，由安监办工作人员带队开展交叉检查，学习借鉴兄弟单位的先进经验，达到共同促进、整体提高的目的。

金湖街道办事处不仅让企业互相学习、互相监督，还对重点工作任务不落实、隐患问题突出、安全形势严峻、违规违法生产经营、发生事故的落后企业主要负责人进行工作约谈，并将其安排到同类型安全基础和安全管理较好的企业进行现场“陪检”。通过约谈和“陪检”，进一步压实企业的主体责任，让企业负责人看到差距，找出不足，整改安全生产突出问题，扭转安全生产的被动局面。

2018年12月，金湖街道办事处在对金井矿业有限公司进行安全检查时，发现该企业存在通风不良的问题，遂下达整改通知书要求其进

行整改。但是由于金井矿业有限公司规模小，专业工程技术人员配备不足，导致整改工作无从下手。

针对这一状况，安监办从“注册安全工程师专家库”抽调3名专家进行会诊，查出主要通风机能力偏小是主因，并提出了更换55千瓦主要通风机的建议。企业采纳了专家的建议，到2019年3月，该企业主要通风机已完成安装并运转，彻底解决了矿井通风的问题。

事实上，金井矿业的这种情况，在辖区其他企业也不同程度地存在。随着企业的迅速发展，安全生产不断出现新情况、新问题，从适应安全生产工作的新要求出发，建立完善安全技术、教育培训、应急管理体系等安全生产支撑体系就显得十分迫切。

针对辖区一些中小企业专业技术人员配备不全的问题，金湖街道办事处主动作为，每年拿出90万元专项资金，同3家不同专业的第三方技术服务机构签订长年合作协议；安监办牵头建立完善了各类注册安全工程师专家数据库，为各行各业的安全技术、教育培训、应急管理服务提供科技支撑。每月抽选专家对辖区重点企业开展隐患排查和专家会诊，将存在的隐患交由安监办督促企业认真整改，由安监办组织专家进行验收，形成闭环管理。在街道开展日常教育培训、应急演练等活动中，邀请专家到现场指导。

约谈企业压实责任　借智专家对症下药

——四川省泸州市应急管理局

全国安全生产监管监察先进单位、全国“安全生产月”先进单位、全国煤矿防治水先进单位、安全生产先进市州、全国安全生产监管监察先进个人……作为四川省应急管理的“优秀生”，泸州市应急管理局在安全生产方面的荣誉不胜枚举，在日前公布的四川省安全生产党政同责工作目标绩效考评前7名先进榜单中，泸州市位列首位。

敢于逗硬，职责清单压实安全责任

2019年5月6日，因灾害治理不到位，古叙煤田公司被泸州市政府约谈。

当天主持约谈的是泸州市副市长何绍明，市应急管理局、国资委负责人参与约谈，古叙煤田公司主要负责人、相关安全管理人员及其上级管理公司泸天化集团相关负责人悉数到场。

“灾害严重，市场竞争力弱，安全风险高；瓦斯超限频繁，险情频发；队伍极不稳定，安全基础管理弱化……”当天的约谈会上，企业负责人“红了脸”“坐不住”。

这样的约谈会，不仅仅针对企业。

泸州市一园区发生火灾，虽然没有造成人员伤亡，但是范围达2000余平方米。“火灾隐患非常大，在明确要求整改下却无动于衷，反映了园区安全意识淡薄、主体责任不落实、安全措施不到位等问题。”泸州市应急管理局约谈园区主要负责人，现场“火药味”十足，园区主要负责人表情凝重。

约谈“一把手”，是泸州市落实安全责任，抓住“关键少数”的有效手段。而这，只是泸州市党政领导安全生产职责清单的其中一项。

泸州市率先在全国出台党政领导安全生产职责清单、工作协助人和履职台账制度，把安全生产固化为各级党委政府、党政领导干部的责任要求，进一步推动安全发展。

泸州市出台的《市委常委会、市政府常务会、市委市政府领导安全生产职责清单和工作协助人制度》（以下简称《职责清单》），明确了市委常委会要学习安全生产法律法规、建立安全发展评价体系、树立安全考核用人导向、统筹人大政协群团支持、监督常委班子全面履职等6条职责；明确了市政府常务会要贯彻执行上级方针政策、制定实施安全发展规划、按需保障工作经费、听取研究重要事项、安排部署重点工作、推动完善安全考核体系等6条职责。

《工作协助人制度》要求全市各部门按照市领导所分管或联系的行业领域，由部门主要负责人作为市领导分管或联系行业领域的安全生产工作协助人，协助市领导全面履行安全生产工作职责；《履职台账制度》是《职责清单》和《工作协助人制度》的有效配套，规定各级党政领导干部要按照各自的职责清单，对安全生产工作“三定期”（定期研究部署、定期督促检查、定期报告）实行台账管理。

《职责清单》《工作协助人制度》和《履职台账制度》等一系列配套制度让泸州市党政领导干部安全生产责任落实“规矩明、清单细、协助强、台账清”，便于照单履职、失职追责。

善于借智，危化专家把脉问题对症下药

中国化学品安全协会专家定期在泸州进行“会诊”，“诊”的是危化品企业的问题和隐患。谈及专家排查成效，龙马潭区境内的中海沥青安全管理部经理王从富直言，企业受益不小。“尽管公司从部门、人员、制度等方面建立了完善的安全生产监管机制，但仍然存在专家检查出的隐患问题。”

泸州作为“三线建设”时期的老工业基地，同时是全国16个精细化工基地之一，这里集聚了四川省四分之一的化工生产企业，为国家经济建设作出了重要贡献。而受历史因素影响，泸州市危化品企业的安全监管总体呈现点多、面广、线长的特点，泸州市也成为四川省安

全生产监管任务最重的市（州）之一。

“危化品企业具有工艺多、专业性强等特点，非专业、没有多年相关经验的工作人员很难排查出问题。”泸州市应急管理局在没有经验可供参考的情况下，将想法汇报给了原国家安监总局，立马得到总局的认同和支持。政府购买专家服务，便一直坚持至今。

专家“会诊”，对辖区内危化品企业开展全覆盖安全诊断检查，实现了从“没问题中找问题”“从小问题中发现大问题”。7年来，泸州市累计聘请中国化学品安全协会专家184人（次），排查企业243家（次）。针对专家检查发现的问题和隐患，泸州市应急管理局责令企业限期整改，并进行追踪回访，对限期整改不力的坚决依法予以处罚。如此，泸州市形成了“专家诊断排查、企业整改落实、政府监督执法”的工作模式。

泸州市应急管理局不仅请来专家查安全隐患，更是花大力气严控危险源头。

多年来，泸州市应急管理局严把安全准入关，严禁在长江干流及主要支流岸线1公里范围内新建危险化学品企业，严控技改扩能项目，并通过延期换证等方法，逐步提高现有企业安全生产管理水平和机械化、自动化控制水平，对于涉及“两重点一重大”的企业自动化改造未达标的，一律不予安全许可。

同时，泸州市应急管理局对全市重大危险源和986家重点监管企业进行“一企一档”管理，对30家煤矿井口进行24小时视频和瓦斯数据在线监控，对23家重点危化品生产企业的传感器进行实时数据动态监测预警，对所有客运车船、危化品运输车船进行GPS定位和实时3G视频监控。2018年，通过远程监控发现并消除重大安全隐患30余条，发出预警预报1500余次，纠正“三违”行为80余次，提供处罚依据100

余条，切实把事故苗头消灭在萌芽状态。

勇于担当，锻造救援铁军赴汤蹈火

2018年12月9日，叙永县分水镇发生山体滑坡，约4.5万立方米的滑坡体裹挟着巨大的能量，越过一条不宽的公路，冲向农房和一处工地，农房瞬间化为废墟。

泸州市应急管理局第一时间牵头组建山体滑坡现场救援指挥部，同时设立7个小组，分工协作。消防、交警、卫计、国土、电力、通信等纷纷在第一时间集结到位。经过争分夺秒的救援，最终12名被困群众均被找到，7人得以生还。

在叙永县分水镇“12・9”山体滑坡事件中，组织千人连夜作战，将被掩埋在滑坡山体下的受害者全部救出，创造了全国类似救援最高7人生还的战例，得到应急管理部书记黄明的充分肯定：“这一场硬仗打得很好，请及时表彰奖励并转发各地学习借鉴。”

这一胜仗，得益于泸州市应急管理局加快构建适应“大应急、大安全、全灾种”的应急救援体系。

泸州市应急管理局推动建立“一专多能、一队多职”的“1+N”综合性地方应急救援队伍，整合矿山和环保救援、消防救援、地震轻型搜救、山岳救援、水上救援等分散资源，实现“统一指挥、快速反应、平战结合”的应急战斗格局，应急救援力量和处置能力显著提升。

泸州市应急救援队伍还参加了“5・12”汶川地震、“4・14”玉树地震、“9・7”彝良地震、“4・20”芦山地震救援，累计救出遇险人员50余人，搜寻遇难人员20余人，疏散和转移群众400余人，圆满完成各项急难险重任务，先后荣获中华全国总工会、四川省总工会“工人先锋号”，原国家安全监管总局、原四川省安全监管局抗震救灾先进集体称号。

泸州市是自然灾害高发区，面对安全生产和防灾救灾减灾的艰巨任务，泸州市应急管理局干部职工用担当担责、护一方平安的实际行动，牢固树立“四个意识”、坚定“四个自信”、做到“两个维护”，践行听党指挥、对党忠诚的铮铮誓言，守护一方，近6年未发生重大生产安全事故，牢牢扛起了保护人民群众生命财产安全的政治使命。

排查危险化学品隐患464项

——云南省安宁市应急管理局

昆明市安宁市是云南省唯一的危化品安全重点监管县和云南省最大的冶金、盐磷化工和石油炼化基地。为确保安全生产形势持续稳定，近年来安宁市应急管理局围绕安全生产工作重点，探索应急管理的新方式、新路子，有效提升了安宁市安全生产水平。

健全体制机制，推动队伍整合

2019年3月，安宁市应急管理局在新一轮机构改革中应运而生，

面对专业技术人才缺乏、监管专业力量不足等困难，安宁市应急管理局采取补短板、谋创新的发展思路，创新安全监管模式，强化监管力度，统筹形成了战斗合力。

安宁市应急管理局主动与政府办、民政、国土、卫计、消防救援等单位沟通衔接，确保改革期间安全生产、应急管理工作不留“空档”。同时，对照应急管理工作职责定位，安宁市应急管理局突出抓好安全生产、防灾减灾、应急救援等迫切任务，有机整合各科室职能并进行优化再造和改革重建。

抓载体、筑防线，巩固提升企业本质安全水平。针对辖区监管任务重、重大危险源多和监管企业点多、面广、分布散，国企和民企在规模、技术、素质、投入、管理上两极分化严重的实际，从行业监管和企业履行安全生产主体责任的重、难点出发，积极利用智能手机APP、移动执法终端、移动互联网等科技手段辅助安全监管，提升监管效能。至2019年，全市工矿商贸领域40%的企业实现了安全管理标准化、过程管理自动化、运行监控信息化，顺利完成全国60个重点危化品攻坚县攻坚任务，对28家危化品重点攻坚企业的关键装置设备、储存设施实现了视频实时监控，305家重点企业通过网络系统开展安全隐患自查自报，进一步夯实了危化品监管基础。在非煤矿山转型升级工作中，完成淘汰关闭19座、改造升级22座、整合重组3座，确定了两个片

区共11座矿山的整合主体，安全监管基础和企业本质安全水平得到巩固和提升。

开展专项整治，深化隐患排查

为提升重点领域的安全生产水平，安宁市应急管理局持续深化安全隐患排查整治工作。截至2019年，安宁市应急管理局开展非煤矿山领域安全专项检查136家次，排查隐患387项；全面推进危险化学品重点县安全综合治理工作，排查危险化学品生产经营企业141家次，排查隐患464项。

同时，安宁市应急管理局先后部署开展查大风险防大事故百日行动和夏季高温、汛期等安全生产专项整治行动，通过专项整治检查，安宁市企业安全风险和安全状况可控，行业领域安全水平不断提升。

提升全民安全意识。创新安全宣传方式，开展《安全生产法》“学法送法”、“安康杯”知识竞赛、“身边隐患随手拍”、安全生产举报奖励宣传、“安全生产咨询日”等活动，累计开办安全生产宣传教育培训班及《安全生产法》集中学习培训33期，培训人员5880人，发放安全生产、交通、消防、建筑安全等宣传材料10万余份。通过安全生产宣教和培训工作的开展，引导企业职工及广大群众从“要我安全”向“我要安全”“我会安全”转变，使安全教育深入千家万户、惠及千企万民。

安宁市应急管理局将继续推进应急管理、安全生产和防灾减灾救灾能力建设，并通过深化安全生产大检查、抓好重点行业领域安全监管等，全面提升防灾减灾救灾水平，确保安全生产形势稳定向好。

安全监管·煤矿监察

19年井下长征　诠释使命和责任

——山东煤矿安全监察局鲁东监察分局　张在贵

鲁东的煤矿职工，可能很多人不知道，他们有一个共同的救命恩人——张在贵。

山东煤矿安全监察局鲁东监察分局副处级监察专员张在贵，自2001年从事煤矿安全监察工作至今，已经有19个年头。19年来，他面对企业高薪聘请不为所动，患有严重眼疾仍坚守煤监一线，用忠诚和担当诠释着煤矿安全监察员的使命和责任。

面对危险不退缩

在“打非治违”等专项行动中，张在贵查处了多项重大事故隐患。在某次监察中，张在贵查明了某矿图纸作假、隐瞒作业地点的事实。鲁东监察分局研究并报山东煤监局同意后，作出责令该矿停产整顿的执法指令，并对该矿开出了当时山东煤监局历史上最高的一笔事故隐患罚单。

说起工作尽责，鲁东监察分局党总支书记郭守军向记者讲了这样一件事。有一次，张在贵在辖区某市组织召开安全度汛工作会期间，注意到某矿负责人接电话后神情慌张地离开了。他警觉地意识到，可能出现了安全问题。

他立即赶往该矿调度室，通过监控系统发现，该矿-210米水平发生了透水事故，中央泵房因进水已失去排水能力，而井下150名矿工仍在作业。张在贵当即下达了“停止一切采掘活动、撤出井下所有人员”的执法指令。井下所有人员撤出后不到2小时，井下工作区域就被淹没了。由于撤人及时，一起可能造成群死群伤的严重事故得以避免。这在鲁东监察分局及煤矿企业引起了很大的反响。

2001年汶南煤矿“12·27”煤尘爆炸事故、2018年龙郓煤业“10·20”冲击地压事故，张在贵都第一时间赶赴现场，参加抢险救援工作。他主动到井下事故现场进行救援和初步现场勘察。“勇于履责，面对危险不退缩，危急时刻总冲在最前面。”这是大家对张在贵的评价。而他则认为，这是他的使命和责任，没什么。

坚守一线除隐患

到煤监机构工作后，煤炭市场经历了“黄金十年”，煤矿管理人员

的收入很高。张在贵曾经工作过的煤矿企业领导找到他，希望他能回去工作，并委以重任。有的地方煤矿企业想聘请他去负责管理技术工作，并许以高额年薪。这些他都婉言谢绝了。相对于挣大钱，他更想守护矿工生命安全。

由于工作太辛苦，又经常下井监察，张在贵患有严重的眼疾，但他仍选择坚守煤矿安全监察一线。在一次井下监察过程中，张在贵左眼一阵疼痛，眼前瞬间一片模糊。就医后医生诊断为左眼视网膜脱落，右眼视网膜出现多条裂缝，需要马上手术。手术后，他的左眼视力不足0.1，右眼矫正视力不足0.8。

单位领导对他很关心，要安排他到“二线”工作。张在贵想到每下一次井、每查处一条隐患，就有可能避免一起事故，拯救矿工的生命，最终选择了继续坚守。

在对某处煤矿进行安全监察时，张在贵发现该矿爆炸材料发放账目不清，部分炸药雷管使用地点不明，库管员更是含糊其词。这让他意识到该矿可能存在隐瞒的作业地点，但矿方坚决否认。为了查明情况，张在贵坚持再次下井核实。有人劝他不要过于较真，矿方也是百般阻挠，他硬是再次来到井下，步行10公里，最终查实了隐瞒的3个采掘工作面。

矿长偷偷塞给他一个厚厚的"红包"，希望他网开一面。张在贵坚决拒绝道："什么时候都不能拿矿工生命开玩笑。这个网我不能开！"

软的不行，就来硬的。有人放出狠话："罚了款，就别想出门。"像这样的恐吓经历了不止一次，他根本不理会，坚持依法对煤矿予以处理。

主动挑战新专业

煤矿监察工作专业性强，主要有顶板管理及冲击地压专业、机电专业、"一通三防"专业、防治水专业。

张在贵所在的鲁东监察分局"一通三防"专业监察员多，防治水专业监察员少。为此，张在贵主动放弃了自己熟悉的"一通三防"专业，改为从事防治水专业。为了快速提升监察技能，他虚心向专业人员学习，一边学习一边监察，查处了许多矿井在防治水方面长期存在的安全隐患，为辖区煤矿安全生产尽职尽责。

鲁东监察分局在进行处级干部专业分工时，让张在贵分管机电专业，这是他不熟悉的专业。他没有推辞，而是和机电专业人员一道研究年度监察工作重点和工作思路，及时了解辖区煤矿机电管理方面存在的缺陷和不足，认真查处煤矿在机电专业方面的安全隐患，督促煤矿企业落实主体责任、加强管理。

出色的工作赢得了掌声，2016年，张在贵获"全国安全生产监管监察系统先进工作者"荣誉称号，2017年获"齐鲁最美安全卫士"荣誉称号。

不放过任何一个隐患　他是行走在煤矿间的“安全卫士”

——黑龙江煤矿安监局鹤滨分局　刘道光

在煤矿工作中，安全是“天字号”工程，关系到人民群众的切身利益和生命财产安全。

黑龙江煤矿安监局鹤滨监察分局监察员刘道光，就是一名守护安全的人。进入煤监队伍3年来，他参与查处了70多起违法违规案件，纠正违章作业、违规施工600余次，彰显着“敢于担当、善于作为、雷

厉风行、精益求精”的工作作风。

严守“四到”“四真”的“安全卫士”

“这个密闭是活动的？”2016年12月，刘道光参加分局对一处地方煤矿的突击夜查。在井下，他以敏锐的眼光和专业的视角发现了一处极为可疑的密闭，提出要打开检查。

矿主企图蒙混过关、逃避制裁，就是不肯打开密闭。刘道光义正词严、毫不退让，不论矿主搪塞敷衍还是威胁恐吓，都严守在那里寸步不移。在他的坚持下，监察人员终于打开了密闭，并在里面发现了非法生产的工作面和被隐藏着的36名矿工。最终，这起性质极为恶劣的违法隐蔽生产的行为被及时制止，一个可能引发重大安全生产事故的隐患就此消除了。

煤矿安全工作不好干，刘道光对此深有感触。很多隐患都深藏在不易被发现的地方，且由于涉及矿主利益，管理起来总会受阻。“以事实为依据、以法律为准绳”，秉持着这样的执法理念，让刘道光在安全监察执法过程中出了名的敢于亮剑、善于较真。

走到、看到、问到、查到，是他每次监察中遵守的“四到”，真管、真罚、真改、真安全，是他一直坚守的“四真”。2019年煤矿安全“体检”监察活动期间，一位被检煤矿的总工程师对他提出的问题产生质疑，他拿出《煤矿安全规程》和《煤矿防治水细则》耐心讲解：“规程要求应当做到，就是必须做到，做不到就是违章，违章就可能造成事故，这本规程的每个条款都是血的教训！你作为总工程师不但要自己遵守，还要监督检查施工人员。”

“我这个干煤矿20多年的总工程师向道光学习了。”这名工程师最后竖起大拇指心服口服地说到。

廉洁履职，永不触碰红线

煤监工作有汗水、有危险，更有诱惑。个别煤矿为了追求利益最大化，不惜牺牲安全，冒险组织生产，甚至把目光盯在了煤矿安全监察执法人员身上，千方百计拉关系，送钱送物搞交易。

一次，刘道光的一个同学找到他，说家里有个亲戚想请刘道光吃饭，交个朋友。多年养成的职业敏感性，让他立即警觉起来。当得知这位同学的亲戚是一个煤矿投资人时，刘道光说："我这个煤矿安全监察员和矿主交朋友，吃了人家的嘴短，拿了人家的手软，还怎么能公正执法呢？"他马上严词拒绝了这位同学的邀请，还把他拉进了心中的"防腐对象黑名单"。

2018年初，在对一处地方煤矿进行突击监察时，他发现了一条重大安全隐患。这家煤矿负责人把刘道光拉到一旁："您高抬贵手放过我吧，矿井停产一天，我就少收入十几万哪，这事你别提了，事后好处少不了您的。"刘道光想都没想就回答他："我要是放过你，一旦发生事故，那就不是几万、几十万元钱的事情了，那可是几条甚至几十条人命的大事！这是犯罪，谁也负不起这个责任。"随后果断向带队领导汇报，经查实依法依规给予了这个煤矿停止生产的严厉处罚。

"久在河边站，就是不湿鞋"，从参加煤矿安全监察队伍那天起，刘道光就给自己划上了这条红线。多年来，他严守黑龙江煤矿安监局廉洁履职"九条禁令"和党风廉政建设的各项规定，自觉摆正自己与监察对象之间的关系，从不利用职务便利为自己、家属、亲友谋取任何私利。

用奉献让“地球转得更安全”

如果说履职尽责、敢于碰硬是刘道光坚持的职业操守，那么爱岗敬业、吃苦耐劳、无私奉献则是刘道光始终追寻的工作方向。

在黑龙江煤矿安全监察局鹤滨分局，刘道光的工作效率高、工作质量好是出了名的，他始终保持各类报表数据“零失误”、各项工作“零缺陷”的纪录。特别是每逢重大活动和重要安全监察执法工作，他都冲在第一线。

2019年3月初，在全国两会前夕，刘道光生病了，高烧一度达到了将近40摄氏度。但为了保持分局安全监察执法工作战斗力不减、队伍不缺员，他仍每天深入一线坚持参加煤矿安全“体检”监察活动，直到3月12日病情加重出现短暂昏迷后才入院接受治疗。

经诊断，他是由于长期带病劳累导致患上中度肾综合征出血热，再晚就有可能危及生命。得了这么重的病，也没能让他安心休养上一段时间。在病情稍微好转后，他不顾医生劝阻，强行提前出院，第二天就回到了工作岗位。

这样拼命地工作也让刘道光的家人心疼不已。提起那次生病的经历，他的老母亲总是忍不住流眼泪。“早上上班有点，晚上下班没点”的工作常态，也让他的妻子忍不住问他：“你们分局谁像你这样没白没黑地拼命工作。”

刘道光对家人说，谁家都有大事小情，有的监察员孩子体弱多病全由父母照看，有的监察员白天上班夜里陪护，大家都在奉献。“我们不干，地球照样转，但我们奉献能让地球转得更安全。我们的队伍有凝聚力、有战斗力，我作为其中一员感到自豪。”

兢兢业业工作、认认真真做事、老老实实做人。刘道光就是这样一个人，以履职尽责的实际行动，书写着煤矿安全监察员的忠诚和担当。

倾注一腔真情　守护一方平安
24年锻造一身“硬气”安监人

——山西省太原市安全生产监察执法支队　许小刚

健谈、懂行、精力充沛是许小刚给人的第一印象。身为山西省太原市安全生产监察执法支队、安全生产应急救援指挥中心的负责人，许小刚从事安全监管工作24年，是综合应急救援、安全生产监管的行家里手。50多岁的他依然保持着旺盛的工作热情，奋战在应急管理和安全生产监管一线。

打铁还需自身硬，敢担当，这不是一句空话。

每次遇到突发情况，他总是冲在最前面。“我先看看就放心了，在我眼里你们还小。”这样一句普通的话语，温暖着同事们的心。他曾指挥完成应急救援并调查处置了40多起生产安全事故，为确保人民群众生命财产安全发挥了积极作用。

在事故调查中，他深入最危险的地段开展现场勘查、拍照、绘图工作，编写现场勘查报告和事故技术分析报告。许小刚相信，要想有地位，必须有作为。安监人要想让他人看得起，必须拿出点真本事来。他在实际工作中积累了丰富的实战经验，成为这一领域的专家。同时，他又将这些经验分享给同事们，使得太原市监察支队的整体知识水平得到提升。

许小刚被称为“定海神针”，因为无论多么棘手的难题，只要有他在，都能迎刃而解。

2013年3月22日，太原市一家外资公司突发爆炸事故，第一时间赶到现场的许小刚经过勘验后，初步判断事故原因是生产设备本身存在设计缺陷。生产厂家无论如何也不承认这一点，并从全球请了几十名顶尖专家共同研判，同时还带来了法律顾问。“几十名专家在办公室里和我们讲专业技术，我就坚持一点，你们敢不敢确保设备在安装调试过程中没有任何问题？”许小刚轻描淡写地向记者讲述着当时“火药味”极浓的谈判现场。在之后的6个月里，经过5次实验、3次谈判，国外供货商最终承认了自身设备问题，认可了许小刚带领队员做出的事故调查结论。当时的一位国际专家事后这样评价：“他引发了行业的一项重大革命。”

安监人工作的艰辛常不被外人理解。“安全监察表面上看起来很风光，手里似乎很有权，其实是一件既辛苦劳累又不讨人喜欢的苦差事，还得能顶住递条子、讲人情的压力。”

2008年，许小刚配合山西省、太原市两级安监部门处置一起公交公司违规建设天然气加气站的群众举报。这家公司建设了8个加气站，其中5个已经投入运营，但是该公司既没申请也没办理任何手续。许小刚对该公司下达了立即停止经营的执法文书，并按上限对该公司处罚250万元。该公司找到有关领导向许小刚施压。“我认为一就是一，二就是二，绝不能开这种口子，坚决要求该公司先停业办手续。”许小刚说。由于要求停业整顿，该公司到处找关系，执法工作一度陷入僵局。

“工作出现问题推动不下去，首先要从自身找原因。”许小刚说，他派出8个工作组进驻8个加气站，加气站合法经营需要办理哪些手续，工作组就提供哪方面的服务。经过8个多月的努力，该公司8个加气站办理了所有许可和手续，并且按照规定上交了罚款。

由于安全监管和应急救援工作的特殊性，加班工作甚至连轴转成了许小刚的生活常态。有时候工作忙起来，他甚至对自己的身体都无暇照顾。有一次，许小刚做完喉部息肉切除手术，刚刚过了麻醉期，就遇到了一件棘手的事情，他二话不说就离院处理，甚至没来得及通知家人，等中午他妻子去医院送饭时却找不到人，妻子在电话那头哭着问他："啥工作非要去，还要不要命了？"

自2004年太原市安全生产监察支队成立以来，监察支队法律文书下达准确，法律条文运用得当，事故处理及时，所执法和处罚的项目没有一例被提起行政复议，更没有一例进入司法程序。用许小刚自己的话说："我们支队每个人出去执法、检查都很硬气。"

"咱既然干了安监这工作，那就要干好，干砸了谁也对不起。"

热血守护只为万家幸福
30年如一日他总是冲锋在前

——河南省漯河市应急管理局　娄新华

“30年的从业经历，让我对生命有了更真切的感悟。我所能做的，就是尽全力消除隐患、堵塞安全漏洞，保护人民群众的生命财产安全。”52岁的娄新华，身材消瘦，声音洪亮，朴实中透着坚毅。他是河

南省漯河市应急管理局安全生产综合协调科、危险化学品监督管理科负责人，也是漯河市安全生产战线的排头兵和模范。

钻锅炉、爬塔吊、校验安全阀，哪里艰苦、哪里危险，哪里就有娄新华的身影，在脏活、累活、险活、重活面前他总是身先士卒、冲锋在前。漯河市多数大中小企业都留下他排查安全隐患的足迹。他几十年如一日，默默守护着人民的生命财产安全。

当一起起非法违法行为被及时惩处纠正，一个个安全隐患被彻底消除，娄新华的心里就会多一分踏实、多一分安心。

在一次危化企业日常检查过程中，娄新华发现某企业未按国家规定对可燃气体报警器进行定期检测，报警器工作异常。企业负责人心存侥幸地认为这就是一个小小的失误，不会造成什么严重后果。“就像人的耳朵，一旦听力下降甚至变聋，就会成为摆设。如果报警器的精度出现误差，就不能准确报警，埋下安全隐患，一旦发生事故后果不堪设想。”娄新华立即依法进行调查取证和立案查处，监督企业及时整改到位。

“安全生产无小事，只有多一分严守，人民群众才能多一分保障。”娄新华说。

这种坚持和严格同样体现在他的职业操守上。娄新华的妻子早年下岗，家庭经济状况较差，不少企业负责人主动找到娄新华许诺给她安置工作，都被他当场谢绝。

“保一方平安，干净就是底线。”他常常告诫身边同志“以权谋私、权钱交易就是最大的安全隐患”。这让监管对象对他既敬重又害怕，敬重他真心实意为企业出谋划策，不贪一丝利；害怕他检查起来较真碰硬，处罚毫不留情面。

熟悉娄新华的人这样评价他——业务精通、勤勉尽责。

在他的创新引领下，漯河市对产业集聚区，在河南省率先开展了“安全生产示范园区”创建活动。针对生产经营企业，探索实施了红、黄、蓝三色预警和A、B、C、D四级管控分类分级监管措施，压实企业安全生产主体责任。

此外，娄新华精心编写的《应急管理法律法规汇编》《安全漯河创建宣传图画集》《安全漯河十种创建模式探索》《公民安全知识读本》《安全语录》《安全卫士的故事》等资料，成为全局干部职工的“工作指南”和“必备手册”。

这些成绩的取得，离不开娄新华的勤勉。万家灯火时，娄新华经常还坐在办公室里，聚精会神伏案写报告。而这样的场景，也只是他日常工作状态的一个缩影。

每逢节假日，当大多数人都沉浸在放松、团圆、出游的喜悦氛围时，娄新华却选择了另外的“度假”方式——他走进基层、走进企业，免费为大家讲解、普及安全生产法律法规和科普知识。多年下来，他的足迹遍布全市各县区乡镇，累计举办了500多场次的安全知识公益讲堂。

在大家眼里，娄新华就是安全生产领域的“活法律”，谁有安全生产方面的问题，第一个想到的人就是他。

娄新华说：“今天不充电，将来靠边站；今天学习不努力，明天工作来不及；唯有知识才是硬道理。”

矿山下危难时刻挺身出
监察中敬业担当见忠诚

——湖南煤矿安监局湘潭分局　肖　丹

一副敦实的身板，一脸憨厚的笑容，与平时工作中的严谨严厉形成鲜明的反差。你很难想象，这就是那个抢险救灾中冲锋陷阵的肖丹，执法检查时威严的肖丹，面对诱惑时刚正不阿的肖丹。

从事煤矿安全监察10年，脚步踏遍辖区内所有的煤矿，火眼金睛"扫描"过矿井的每个角落；每一次的一线救援，都有他临危不惧的身影，每一次的现场执法都有他孜孜不倦的执着。怀揣耿耿丹心，守土有责，守土尽责，肖丹胸中燃烧着一团火。

初心无改

今年39岁的肖丹出生在湖南省产煤县双峰县杏子镇。这里毗邻著名的"瓦斯窝"蛇形山矿区。二十世纪八九十年代，接二连三的煤矿事故在肖丹的心里留下难以忘怀的记忆。"炭山里瓦斯爆炸，死了好多人。""矿上又出事了。"从孩提时代记事起到上大学期间，肖丹老家不到600人的村子，在煤矿事故中死亡超过20人。最让他悲痛的是自己的两个堂哥和一个表哥也先后在煤矿事故中死亡。目睹亲人遗体从煤矿送回来的哀恸场景，肖丹从小就有一个强烈的愿望，能不能有一双"神手"，抹去覆盖在煤矿的死亡阴影，带来平安！

上大学时，肖丹毅然填报了安全生产相关专业。2003年大学毕业，他入职长沙煤矿安全技术培训中心从事安全培训教学和管理，先后考取注册安全工程师执业资格、获评讲师职称。按部就班的工作，虽说与安全生产也还靠边，但肖丹总觉得"心愿未了"，他有个梦，到煤矿安全监察最前线去，到迎击"死神"的最前方去。2010年通过中直机关直属机构公务员招录考试，他进入湖南煤矿安全监察局并选择了安全生产环境极为复杂、地质条件极为恶劣、矿点最为分散、监察难度最大的湘潭监察分局工作，一干就是10年。

10年辛苦不寻常，丹心一片终有报。他10年考核为优秀，6次被评为湖南煤监系统先进个人或执法标兵，2015年1月被授予"全国安全生产监管监察先进个人”，2017年2月被湖南省人民政府授予“全省安全生产先进个人”荣誉称号。更让肖丹欣慰的是，经过全体战友们的共同努力，辖区安全生产状况有了天翻地覆的改变。从2010年至2018年，煤矿百万吨死亡率明显下降，全省水害威胁最大的黄兰矿区已连续7年未发生水害事故，2018年4月至2019年7月，辖区已连续实现15个月零死亡，这是湘潭监察分局有史以来最长的安全生产期。

忠心无惧

湘潭监察分局负责长沙市、株洲市、湘潭市、益阳市境内煤矿的监察执法工作。这里的煤矿大多单井年产不足30万吨，开采水平低端，产能落后，水文地质类型复杂，矿井老空积水、瓦斯等灾害严重。随着开采深度加大，灾害日益加剧，加上部分企业安全投入不足、技术人才缺乏，煤矿安全生产的难度超乎肖丹的想象。在这样的地方工作，随时随地都有可能接受不期而遇的挑战，考验着你的忠诚，也考验你的素质和胆略。

2013年5月2日，攸县峦山某煤矿发生顶板事故，1人被困，株洲市矿山救护队已抢救了三天三夜。由于事故地点复杂、救援难度大，救援工作无大的进展，家属情绪异常激动，湘潭分局主要领导与当地政府负责人商议召请长沙基地和白沙基地救护队参与救援。肖丹主动请缨勘查现场，徒步3道暗斜井、垂深超300米才抵达事故地点。事故地点为一天眼，采空区积水渗透导致天眼垮塌，煤泥、矸石、坑木几乎占满了天眼下的运输巷，原本1.8米高的巷道仅剩0.5米。他紧咬牙关，忍着刮伤带来的钻心疼痛，艰难爬行，面对天眼随时再次冒落的危险，他凭借多年现场救援的经验，在确保安全的情况下，带领救护队员一起爬上天眼。反复细致查看现场、研究救援方案，当他出井时已近虚脱，全身布满了煤泥，身上刮出了一道道血痕。他顾不上休息，及时与指挥部商量调整救援方案，当晚将遇险者救出。当地政府负责人在总结会上说："我们曾想过放弃，但有像煤监机构肖丹这样的人参与战斗，心里踏实了许多！"

2011年3月31日，攸县黄丰桥镇某煤矿发生透水事故，3人被困，肖丹参与救援，成功救出2名矿工。2012年5月16日，浏阳市某煤矿维修巷道发生大面积冒顶，2人被困，他组织和参与救援，成功救出遇险的2名矿工。在类似事故抢险救援中，肖丹成功抢救遇险矿工11人。

每一次面对的都是生与死的较量，危难时刻的肖丹总会出奇的沉着冷静。"怕吗？""说不怕那是矫情，但你选择了煤矿安监，你就选择了忠诚，你选择了煤矿安监，你就选择了付出。"

痴心无悔

煤矿安监千头万绪，赴汤蹈火是常态，繁琐细碎也是常态。只有点点滴滴的具体工作，一丝不苟地落细落小才能形成牢不可破的平安链。煤监10年，肖丹"为伊消得人憔悴"却无怨无悔。

2012年，肖丹从事故审理室转岗至安全监察室工作，他迅速进入角色，利用一切可以利用的时间钻研执法业务和法律法规，每次现场监察都下到矿井最深处。这些年来他累计参加监察执法426次，下井监察280多次，主办和制作文书276份，先后主笔编制了《益阳市煤矿安全生产现状报告》《长沙市煤矿安全生产现状报告》和《攸县煤矿水害分析报告》，先后主办责令煤矿停产整顿、暂扣安全生产许可证、罚款超过50万元的大案要案7起，强有力的执法促使近三年内4处难以达到安全生产条件的煤矿主动申请关退。

2014年4月，攸县联合集中执法期间，肖丹结石疾病发作，疼痛难忍，同时又面临在职硕士论文答辩。他强顶住身体煎熬和心理压力，凭借坚强的毅力，通过不懈努力，出色地完成了集中执法各项工作任务，同时顺利通过论文答辩。之后，肖丹不堪重负，住进了医院。在简单止痛消炎仅1天后，他就溜出医院到办公室撰写集中执法的总结汇报材料。2018年8月在浏阳监察执法和监督检查，按照省局部署必须及时通报情况，时间紧、任务重，他连续两个晚上通宵达旦整理、分析执法文书和地方监管资料30多份，编辑监察矿井图片200多张，制作图文并茂的PPT通报材料，白天除吃饭外一刻也没有歇息。在通报会上，他引用确凿的数据和真实的图景反映煤矿安全生产状况，得到了当地政府、有关部门和煤矿企业的充分肯定。

爱心无言

矿山卫士，胸有大爱。作为儿子、丈夫、父亲，肖丹却只能将“小爱”藏在心底。太多的忙碌，冷却了温柔。肖丹其实是一个很有温度的“暖男”，只是他明白，有些东西很难两全。

肖丹2008年结婚，妻子第一次怀孕6个多月，检查发现胎儿异常，主动流产，第二次怀孕时又意外流产，他忙于工作，未曾亲自照料，每次谈及此事，他愧疚不已。2012年7月15日，妻子第三次怀孕临产住院，肖丹正在攸县参加集中监察执法，主办某煤矿通风系统不完善组织生产的行政处罚案件，他和同事正在收集证据和调查问话，得知消息后没有报告领导。他在电话里安慰妻子:“你辛苦啦！但是手头上的案件我最熟悉情况，走不开。”直至小孩出生的第二天7月18日才赶到医院，把照料的有关事情交代母亲、岳母后又回到工作岗位。2017年4月26日深夜，妻子临产生二孩，他正在耒阳市参加异地煤矿安全体检，在大家的劝说下他连夜赶回长沙时，小孩已出生2个多小时。两天后肖丹将妻子交给70岁高龄的母亲照料，又返回安全体检一线。2019年3月，肖丹父亲生病住院，他也仅在手术当天请了半天假，下午主动请缨出差主办攸县某煤矿重大行政处罚案件。

“爱家就要爱生命，重情更应重安全。牺牲小我，换来大安，值得！”10年摸爬滚打，肖丹说，对父母妻子儿女的爱，他会尽力补偿，而安全生产工作的责任是“万无一失，一失万无”，容不得半点懈怠。

踏遍煤山终不悔，位卑未敢忘忧国。肖丹，以他的淳朴和执着坚守着煤矿安全监察事业，守卫着矿工的生命安全，无怨无悔。

实干加巧干　下大功夫超前防范煤矿大灾

——河北煤矿安监局

每一名党员干部，从事不同工作，都有着自己的初心。作为煤监人，不忘初心，就是认真履行国家安全监察的神圣使命，全力防范遏制煤矿重特大事故，保护广大煤矿职工的生命安全。

“查处一个隐患就可能杜绝一起事故，杜绝一起事故就维护了几个家庭的安宁。”这是印刻在河北煤矿安监局全体监察员心中的一句话。

河北省煤矿开采条件复杂，自然灾害严重，瓦斯和水害尤为突出。该省现有煤与瓦斯突出矿井11处、高瓦斯矿井7处，水文地质类型复杂、极复杂矿井32处，采深超过800米矿井14处、超过1000米矿井5处。

河北煤矿安监局用大数据统计分析，2001年至2018年全省发生的重特大事故中，瓦斯和水害事故18起、死亡433人，分别占事故起数的78%、死亡人数的81%。

河北煤矿安监局认为，抓牢、抓死、抓好对瓦斯、水害的超前防范，必须下大功夫，实干加巧干，多措并举，科学防治。

防治瓦斯和水害重大灾害，河北煤矿安监局先从制度规范和基础工作做起，制定了《河北省煤矿瓦斯综合治理办法》和《河北省煤矿防治水管理办法》，省政府办公厅予以印发，国家煤矿安监局办公室予以转发全国。

同时，河北煤矿安监局牵头组织部分煤矿企业和科研单位，编制了地面区域治理、底板注浆加固、微震监测技术等六项煤矿防治水地方标准，由河北省质量技术监督局正式发布。

与此同时，河北煤矿安监局每年开展瓦斯治理和水害防治专项监察，深入瓦斯、水害等灾害严重的矿井开展监察执法。

此外，河北煤矿安监局加强瓦斯防治及防突业务培训，并以科技引领推进煤矿防治水技术提升；组织全体监察员和突出煤矿总工程师共144人赴安徽淮南学习瓦斯治理先进技术，邀请瓦斯治理专家授课，组织到国家煤矿瓦斯治理示范矿井现场观摩学习；督促煤矿企业加强防治水先进技术研发推广。

河北煤矿安监局利用计算机、大数据和云技术，开展瓦斯和水害防治，实现煤矿瓦斯和水害预警信息化。从2016年11月起，河北煤监局利用安全监控、人员定位、水害预警等信息化系统，持续开展远程监察，实现了单一现场监察向现场监察和远程监察双重监察的转变。

在防范煤矿瓦斯事故方面，该局2017年7月1日实现了与全省38处国有重点煤矿安全监控系统和人员位置监测系统联网。在防范煤矿水害事故方面，2018年9月底，该局依托河北省煤炭科学研究院，建成河北省煤矿水害预警与防控中心，将全省19处水文地质类型复杂、极复杂矿井的水文动态监测系统和排水系统与9处矿井微震监测预警系统进行联网，为突水事故超前处置和灾后治理提供技术依据。这是我国首次将计算机、大数据和云技术运用到水害防治工作中，实现了煤矿水害预警信息化零的突破。

为了使用好远程监控信息化平台，该局还建立了远程监察制度。有了远程监控这双“千里眼”，河北煤矿安监局实现了远程发现安全风险和查处安全隐患，可有效防范煤矿瓦斯、水害事故，同时实现了对瓦斯和水害灾害隐患的精准监察和精准执法。

2017年7月至今，该局每月将远程监察发现的瓦斯超限、一氧化碳超限等风险问题以正式文件向煤矿企业通报，共印发远程监察通报21次。如今，河北省内煤矿企业高度重视各类传感器超限，当矿井反风、有计划停电检修时，主动向河北煤监局和驻地监察分局报备；遇瓦斯、温度、风速等传感器异常报警时，第一时间书面提交情况说明和超限原因。对于重大安全隐患，煤矿企业领导主动到该局汇报，安全风险意识明显增加。

14名党员守住114座煤矿长治久安

——山西煤矿安监局长治分局

山西煤矿安监局长治分局成立于2000年8月，主要负责山西省长治市行政区域内114座煤矿的安全监察执法工作。全局编制15个，现有煤矿安全监察执法人员14人，全部为中共党员。

长治分局成立近20年来，辖区煤矿数量从918座减少到114座，年煤炭产量由2200万吨增长到1.2亿吨，煤矿事故由2000年的56起、死亡60人下降到2018年的零死亡，且20年未发生特别重大事故，2012年以来未发生重大事故。

该局党总支坚持党建工作和监察业务工作深度融合，不断增强“四个意识”，坚定“四个自信”，做到“两个维护”，不断提升党组织的凝聚力、战斗力、号召力。制定《党员积分制管理办法》《监察员积分考核办法》，调动每名党员、监察员的主动性、积极性、创造性；党总支坚持周一政治理论学习不动摇，使党的路线方针政策入心入脑，保证党组织的政治方向对头、政治原则坚定、政治路线正确。

为了坚决遏制重特大事故，该局坚持严格执法。坚持重拳出击、重典治乱、重点推进、重兵防守，实施全面与重点、资料与现场、井上与井下、执法与服务、检查与宣教“五个结合”，确保监察执法效果。例如，在查处某矿违法生产案件中，9次入矿检查，查出3条重大隐患，停了产，扣了证，撤了人，行政罚款509万元，这是当年煤监机构年度最大的一笔单次监察罚款。

抓“重点”，是长治分局坚持精准执法的方法。该局抓住煤矿数量多、灾害重的重要县区，抓住灾害严重、管理不力、整合托管的重点煤矿，加强日常监控，增加执法频次，实施“靶向监察”。

此外，长治分局综合运用各种手段，多措并举防灾治患。每次监察执法都与市县政府、煤矿安全监管部门联合执法，对发现的所有问题移交地方严监督、严复查，对重大隐患一查到底，全市通报。该局还开展了“矿长话安全”“总工程师话安全”“区队长话安全”“班组长话安全”等活动，推动煤矿建立安全风险分级管控和隐患排查治理双重预防工作机制。

为了做到凡查必考，该局每次监察都组织对管理人员进行现场闭卷考试，对工人进行自救器30秒盲戴抽查，对不合格的责令脱产培训。对存在严重违法生产建设行为的煤矿，及时将情况通报、约谈县政府主要负责人。

近20年来，长治分局多次获得原国家安全生产监督管理总局、国家煤矿安全监察局、山西煤矿安监局、长治市政府授予的“先进单位”“创新工作单位”称号，连续8年荣获山西省直机关“文明单位”称号，多人次获得各级各部门授予的先进个人荣誉称号。

事前事中事后　大执法大警示大惩戒大宣传

——浙江省嘉兴市安全生产行政执法队

嘉兴市连续16年实现安全生产事故起数、死亡人数、直接经济损失数三项指标零增长，2015—2018年，连续4年遏制生产安全事故发生……浙江省嘉兴市安全生产行政执法队始终坚持“政府部门检查就是执法，执法就要严格，企业违法就要处罚”的原则，不断加大安全生产事前、事中、事后的大执法、大警示、大惩戒、大宣传力度，充分发挥了安全生产行政执法总枢纽作用。

着眼三个注重，形成行政执法合力

为创新执法机制、强化执法效能，嘉兴市安全生产行政执法队首要考虑的是如何收到行政执法“1+1>2”的效果，全力做好事前大执法。

注重部门联动。充分发挥嘉兴市安委办综合协调作用，推动出台了《关于进一步加强安全生产监管执法的指导意见》，建立市安委办主任双月例会制度、安全生产行政处罚每月通报制度，强化安全生产工作组织领导，构建跨部门、跨行业综合执法及联合执法机制，加大重点行业领域执法力度，形成各部门行政执法合力。

注重力量整合。组织开展执法人员执法能力提升专题培训，建立安监系统全员执法工作机制，推行县（市、区）派驻工业园区执法、委托镇（街道）执法机制，推进执法重心下移，提高执法效能。分层分级编制年度监督检查计划，确保市、县（市、区）、镇（街道）三级安监机构执法全覆盖，保证重点监管企业一个不少，加强对重点监管范围以外企业的双随机抽查与暗查暗访。

注重监督检查。建立重要时间节点、重大活动专项监督检查机制。2018年，全国“两会”及“世界互联网大会·乌镇峰会”等重大活动期间，全市安监系统上下联动、全员参与，积极开展随机抽查和暗查暗访，严格开展问题隐患闭环管理与违法行为查处。建立常态联动综合督查制度，抽调市级有关部门及安全专家组成督查组，对于违法行为督促相关部门进行立案查处，取得了积极成效。

建立三项制度，推动举一反三

为推动事故查处规范化、责任追究严格化，强化用事故教训促进安全生产监管工作，嘉兴市安全生产行政执法队制定实施了三项制度，全力做好事后大预警与大惩戒。

建立事故警示通报制度。嘉兴市安委会研究制定了《嘉兴市安全生产通报警示实施办法（试行）》，对各县（市、区）60天内重复发生的死亡2人或伤亡3人以上的同类型事故，或对社会有较大影响的一般事故，向各县（市、区）党委、政府和市级有关部门（单位）、有关企业进行警示通报。通报的主要内容为事故经过及初步原因、事故教训、防止同类事故发生的针对性措施。

建立事故挂牌督办制度。出台《关于进一步明确生产安全事故调查处理工作中有关规定的通知》，对工矿商贸领域企业发生的一次死亡2人或死亡1人、重伤2人以上的一般生产安全事故实行挂牌督办，严格落实规范调查与责任追究制度。2018年，该市共挂牌督办事故6起，各地对15起生产安全事故涉及的30名相关责任人追究刑事责任。

建立事故报告检查制度。对每季度收到的各地前期批复的工矿商贸领域一般生产安全事故调查报告进行检查，并对事故调查报告中存在的格式不规范、事故原因分析不清、事故责任认定与追究不到位等问题进行通报，进一步规范嘉兴市一般生产安全事故调查处理要求。

加强三类宣传，营造依法治安的浓厚氛围

在加大执法力度与严格事故查处的同时，嘉兴市安全生产行政执法队持续发挥典型案例警示教育作用，全力做好依法治安“大宣传”。

加强典型案例宣传。建立嘉兴市安全生产领域违法行为典型案例双月通报曝光制度，2018年市、县两级安全生产行政执法队累计在报纸、电视等新闻媒体曝光典型案例470起。

加强执法现场宣传。联合嘉兴电视台开办《安全生产全聚焦》栏目，每周对执法检查活动、违法违规行为查处情况进行现场连线及深度剖析报道，直观展现监管执法一线情况，有力震慑及警示相关企业切实履行安全生产法定职责。

加强社会普法宣传。依托“安全生产月”和“《职业病防治法》宣传周”活动，深入开展法制宣传，大力推进安全生产宣传教育“七进”活动，全面营造安全生产领域尊法、学法、守法、用法的浓厚法治氛围。

防震减灾·抗震救灾

打通“最后一公里” 确保预警信息及时发布

——福建省地震局地震预警工作团队

他们以国家防震减灾事业发展需求为导向，以极大的工作热情和强烈的使命感开展地震预警系统的研究建设10余年，用一行行的代码、一滴滴的汗水攻克了地震预警关键技术。

他们日夜奋战在防震减灾的最前沿，打通了地震预警信息发布的"最后一公里"，搭建了紧急地震信息发布平台，实现了地震预警和烈度速报信息的准确发布。

他们广泛调研、反复论证，完成了《福建省地震预警管理办法》和地方标准《地震预警信息发布》的制定，推出地震预警科普系列产品，确保地震预警信息依法发布，并得到有效利用。

两个"门外汉"的新战场

2007年，刚刚防灾减灾专业硕士毕业的韦永祥来到福建省地震局工作，受命组建团队开展地震预警相关技术研究。万事开头难，团队的另外一名成员是毕业于北京大学无线电专业的周跃勇。回忆起那段从无到有的"创业"时期，韦永祥总是说："困难肯定是有的，不过年轻人嘛，学东西快。"事实上，从地震观测技术到仪器使用、软件开发，他们都要一点点学习积累。

团队成立没多久，四川汶川特大地震发生了。地震造成的重大损失深深刺痛了团队成员。他们全身心投入到减灾新技术研究，经常工作到凌晨两三点，如果有灵感迸发，就继续爬起来测试。团队先后对上千篇上万页中外文献进行学习，完成了50多万行软件代码编写、上百个模块实现、上千次软件更新的研发任务。

随着团队成员的增加和科研能力的增强，在中国地震局和科技部的支持下，团队承担了国家科技支撑计划项目——地震预警技术系统的研发任务。经过艰辛的探索和不懈的努力，于2013年成功研制了地震预警、自动速报、烈度速报、信息发布四项技术系统，并在实验室搭建了模拟在线运行的测试平台，实现首台触发后5 ~ 10秒的地震预警、1 ~ 3分钟自动地震速报、3 ~ 5分钟烈度速报，并在近5年的实验运行中不断完善。该技术系统成功处理台湾和福建多次中强地震预警问题，特别是台湾发生6级以上强震时，能为福建沿海提供近40秒以上的预警时间，具备了为民服务的技术功能。

通过开展地震预警的研究和示范应用工作，团队的科研能力也不断增强，完成国家科技支撑计划课题5项，获得软件著作权20余项，编写地方标准2项，在国内外重要学术期刊上发表地震预警、地震烈度速报相关论文40余篇，其中SCI收录3篇。

决战“最后一公里”

地震预警信息发布系统，不仅仅要发送信息，更重要的是要有效接收和使用信息。所以，地震预警信息发布系统的功能模块和相关技术成为团队的下一个目标。带着攻克难关的决心，团队成员开始集中工作，这一干就是一个月，每天至少工作10个小时。

一个月后，一个地震预警信息发布系统架构雏形基本确定，搭建的预警信息发布服务器和数据库可模拟产出预警信息，并将数据存进数据库。初步研发的基于苹果和安卓系统的手机应用软件，实现了局域网内地震预警信息的接收和展示。

作为2014年入职的新兵也是团队唯一的“女兵”，“海归”周施文充分发挥通信专业特长，提出利用面向消息中间件协议的建议，解决了地震预警信息发布高时效、高并发、同时信息完整且安全的难题。攻克一关，再下一城，周施文再接再厉负责完成了福建地震预警安卓手机app核心功能的研发。

在团队的努力下，福建省地震预警体系不断完善。2018年5月经福建省政府同意并授权，地震局向福建省社会公众正式发布预警信息。2018年11月26日台湾海峡南部发生6.2级地震，地震预警系统在首台触发后8.6秒发出第一报地震预警信息，约5分钟后发布福建省市县级仪器烈度信息，约10分钟后发布福建省乡镇级仪器烈度信息，当时在线的3700个专用接收终端和2000多个手机用户接收到了预警信息。目前福建地震预警信息已经为社会提供服务，全省已部署8976套地震预警服务终端，地震预警app下载量已超过3.6万。福建省地震局与中国铁路南昌局集团有限公司、福州地铁公司、厦门地铁公司等单位对接地震预警服务相关工作，初步取得减灾实效。

“终极目标”是有震无灾

地震预警信息只有被公众有效利用才能发挥减灾实效。为引导社会公众正确认识地震预警、科学利用地震预警信息，近年来团队持续开展地震预警专项宣传活动。在龙岩地区开展了地震预警知识普及率调查，掌握民众地震预警的认识状况和需求，有针对性地创作了《认识地震预警》挂图、《哨兵》地震预警公益广告片，拍摄了《与地震波赛跑》科教片，开发了《2分钟地震预警系列动画片》。2018年12月26日台湾海峡6.2级地震、2019年4月18日台湾花莲县海域6.7级地震时，地震预警系统发出地震预警信息，第一时间通过多种途径把地震预警时间、预测地震烈度等信息传播到千家万户，实现学生和民众有序撤离，地震预警科普初见成效。

在团队的努力下，2015年我国第一部地震预警单行法规《福建省地震预警管理办法》颁布实施，2017年福建省地方标准《地震预警信息发布》发布施行，地震预警信息的发布有了法规和标准保障。

“我们工作的终极目标是有震无灾，让地震只是一种自然现象”团队成员王青平说。

废墟中的“生命使者”
尽200%的努力只为1%的希望

——中国国家地震紧急救援队　王念法

每当发生地震等重大自然灾害时，在救援现场，总能看到一些身穿橘红色救援服的人，他们要在死海般的废墟里搜寻生的线索。中国国家地震紧急救援队队员王念法，就是这样一个废墟中的“生命使者”。

作为第一批救援队员，入队18年来，王念法一直奋战在救援第一线，他的办公室内存放着救援背囊、救援服，只要有任务，与家人通

信完之后，穿上救援服，背上救援背囊便走。四川汶川、青海玉树、甘肃舟曲、新疆伽师、阿尔及利亚、伊朗巴姆、印尼班达亚齐、巴基斯坦、海地……王念法自己也记不清他和队友参加过多少场救援活动，从死神手中挽回多少人的生命。

“要对得起老百姓的信任和自己的良心。”每一次在地震救援现场，王念法都会在心里念叨这句话。对废墟下一息尚存的生命，王念法始终坚守着“不抛弃，不放弃”的信条，决不放过任何一个废墟下的声音。“生命是至上的，多救一个就是一个。”王念法说。

2008年5月12日14时52分，王念法正在办公室整理地震救援训练安全手册。突然，他手机传来了一条短信，是说四川汶川发生强烈级地震，应急救援队员需要马上集合。

8.0级，王念法脑子“嗡”的一下，这么大的地震，几十年来都没有过，他祈祷汶川那里人口不要太多，要不然，后果就严重了。

中心立刻忙碌起来，大家分头准备，王念法家离单位远，没时间回去了，他给妻子打了个电话，说要去四川灾区了，不用等他吃饭了，妻子沉默了一下，说:“你放心去吧，不用挂念家里。”

2008年5月15日2时20分，参与救援2天多的王念法在绵竹汉旺镇没有合眼，刚躺在废墟旁，突然听队友大喊起来。“念法，快点起来，快去看看，快把卿静文救出来。”王念法一骨碌爬起来，迷迷糊糊地睁开布满血丝的眼睛。从14日6时开始，为了救卿静文，队友们已经连续工作了差不多20个小时了，正当王念法进入废墟中的巷道里查看时，卿静文突然说话了:“叔叔，我想睡觉。”王念法说:“千万不能睡觉！”王念法真怕她一睡就不会再起来了。15日5时30分，经过连续近23个小时的营救，终于成功救出了卿静文。

15日8时，王念法在车上吃东西，看到队友在架设海事卫星时突然想起来，好几天了，应该给家里打个电话了。他终于听到了妻子可爱的声音，妻子说每天都在关注着救援的情况，她还告诉王念法，她在小区门口给汶川地震灾区捐了200元钱，最后署名是：一名在灾区救援的救援队员。

那天晚上，王念法又救出了“阳光女孩”马小凤和“可乐男孩”薛枭。王念法回忆：“我困极了，眼睛直打架，从车上取来毛毯，倒在街边就睡……”这场救援，他和队友们一起营救出49名幸存者，他个人直接参加救出13名幸存者。

最令王念法难忘的一次救援，是2003年发生在阿尔及利亚的地震救援。“一打开通道，扑面而来的是尸体腐烂的气味。这时候怎么办？憋着，憋着三秒钟再吸一口气。这时候还没有办法，当地老百姓、我们大使馆还有我们领队给我们拿花露水，往鼻子上撒。”王念法说。最后38支国际救援队伍，只有中国和法国两个国家的救援队伍救出幸存者，他的民族自豪感、国家荣誉感油然而生。有人称赞王念法是英雄，他却说：“我不是什么英雄。要说英雄，我们中国人是英雄！这么多的灾难，都没将咱们中国人击垮。”

地震救援不仅需要勇气，更要靠专业精神。身为专业的救援人员，除了要有高效的体能、灵活的运动技巧，还要有丰富的结构力学知识、关键的急救医学常识和心理学常识。

作为一个只有中学文化程度的青年，王念法深知理论知识有所欠缺，因此他比别人付出了更多的汗水。每一次实战救援结束后，他都会仔细地在救援日志里记录好时间、地点、方案、救援过程，画好各种图表、废墟施救图和破拆路径，涉及结构力学、医疗和心理学等多种知识。

功夫不负有心人。2010年玉树地震发生后，王念法根据所学知识，和队友们采取科学施救方案，将一名被埋了17个小时的藏族女性从倒

塌的钢筋混凝土中成功解救出来。

现在王念法作为教官，已经能够熟练向学员传授理论知识，并撰写了多部教材和多篇理论文章。他办公室里有20多个笔记本、近半米高的荣誉证书。在其中一本日志的扉页上，他写道：苦练创造奇迹，苦干成就未来！王念法多年的努力没有白费。

“你没有经历不知道什么是财富。像我们救援，见到生与死的场景多了，这是我们的财富。”王念法说，救援是他这一生中最重要的事情，他现在只想和同事将救援事业干到生命终点。

就像他在海地搜救手记中写道：其实，我们是非常不愿意告诉任何人我们是干什么工作的？因为我们的工作总是与发生地震、房屋倒塌、人员被压埋等悲惨的场面紧密联系在一起，我想这是我们地震救援人的共同心声，但是天灾又有谁能左右得了呢？我们所能做的，就是有1%的希望，就尽200%的努力，因为废墟下，有生命。

呵护生命　他一心要搭建出地震中最坚固的堡垒

——中国地震局工程力学研究所　王　涛

王涛有一份漂亮的履历：名校教育背景、海外留学经历、屡获国家大奖。可王涛觉得最珍贵的还是圈里前辈对他的评价：他是个解决难题的年轻人。

王涛要解决的难题，关乎每个人的“身家性命”。身为中国地震局

工程力学研究所研究员，防震减灾是他一生追求的事业，房屋坚固是他毕生所要追求的目标。

在地震灾害学中有一句话，“杀人的不是地震，而是建筑”。

王涛去过很多震后现场，参加过四川芦山地震、青海玉树地震、新疆巩留地震、尼泊尔地震等多个地震现场救援，在极其艰苦的环境下，做了大量建筑结构震害调查科考工作。

他深刻明白，唯有房屋坚固，方能呵护生命。

2008年汶川地震中，王涛发现高层建筑倒塌很少，但破坏导致的建筑废弃情况很多，连梁则是破坏最严重的构件。为了提升高层建筑的抗震性能，王涛就带领团队针对新型消能连梁开始进行系统研究。这一年，他才刚刚从日本学成归国。这之前，王涛从日本京都大学获得博士学位后，已在京都大学防灾研究所工作了两年。当得知他选择回国，到中国地震局工程力学研究所工作时，所里的老前辈们都特别兴奋。因为在他们眼里，王涛是一位“年轻有为”“敢闯敢干”的科学家。

事实证明，前辈们的期望没有落空。王

涛团队从材料到构造、从连接到结构，不仅发展了新型消能连梁体系，相关成果还直接服务于社会工程，取得了重大的经济和社会效益。

在科研中比别人“更拼”，是王涛的一个明显特征。

王涛毕业于清华大学土木工程系，但抗震试验涉及多学科，除需要土木工程知识外，还要结合计算机、信号处理、电子电路、控制自动化等学科的知识。王涛不擅长，就博学勤思。

十年前，所里的地震工程实验室刚刚起步，设备、仪器、人员均十分匮乏，王涛和实验室团队成员常常通宵达旦，从每一个螺丝钉开始，一直到各个电缆、数据线的连接测试，都亲力亲为。

在与美国科研机构联机做试验时，王涛带领团队按照美国作息时间，每天晚上8点开始做试验，一直工作到第二天早上五六点钟。那段时间，王涛每天只睡两三个小时。

让研究落地，是王涛一切努力的最终目的。

在摩天大楼拔地而起的时代，抗震成了工程建设领域的一个新课题，王涛再次迎难而上。中国尊，中国当代十大建筑之一，高528米，是世界首个在8度抗震区建造的超500米摩天大楼，它的抗震能力一直是外界关注的焦点。这其中就有王涛团队研究项目成果的成功应用。

在震区，10天行程2000多公里，对四川四十余个乡镇进行震害调查，为地震烈度评定提供重要依据；在城市，给砖混结构房屋穿上“外套”，让北京老旧住宅抗震加固安全又“宜居”；在国外，协助尼泊尔进行震后科学考察，经常工作到凌晨两三点钟，仍保持着旺盛的斗志。

在地震中，让建筑变成堡垒，王涛一直奋斗在路上。

为防震减灾工作
他14年“绕”地球十几圈

——西藏自治区地震局日喀则地震台　欧文东

2005年，22岁的欧文东大学毕业，他没有像同学那样去大城市谋求发展，而是将脚步迈向了巍巍的青藏高原。

那时，几乎没有一个亲朋好友支持他，“你去那身体能受得了吗？”“那边太偏了，发展空间比不得大城市，去了谈对象、照顾父母你考虑过吗？”……关心与“质问”接踵而来。但欧文东还是义无反顾，来到了西藏自治区地震局。

转眼14个年头，年轻小伙磨砺成了中年大叔，一张黝黑瘦小的脸上也多了几分沧桑。

在西藏120万平方公里的土地上，从东到西，从南到北，分布着20多个有人看护、无人值守的地震台，平均海拔都在4000米以上。到这样的地方工作对欧文

东来说像是“家常便饭”，一路上高寒缺氧、穷冬烈风，数百公里无人区狼群肆扰、飞沙走石，14年来，他自己也说不清走了多少路、遇过多少险。

2009年，欧文东参与了中国地震背景场探测项目日土台、仲巴台测试工作，2010年参与完成中国陆太网西藏分项各地震台的仪器安装调试工作。“记得那时出门一个多月的时间，大部分公路都是沙石路，每天都一路颠簸几百公里，干完一个台站再继续下一个台站，反而觉得到达各台站干工作时轻松一些，至少比坐车赶路舒服得多，坐车屁股疼。”欧文东回忆道。

进入11月的西藏已是天寒地冻，哈气成冰。为加快推进国家烈度速报与预警工程西藏分项的新建基准站的堪选征地工作，他和同事曾出行32天，驱车数千公里，前往亚东县、措勤县、札达县、班戈县、嘉黎县等偏远高原地区。

2019年4—6月，为完成国家烈度速报与预警工程西藏分项的日喀则市、山南市各基本站点的选址租用地工作和“一带一路”GNSS项目5个站点的堪选测试工作，他驱车来回上万公里，在40天的时间里深入杳无人烟的大山戈壁，冒着高反爬上一座座高山，下到一个个河沟，顾不得手指磨破脸被晒肿。

一路上道路曲折鲜有人烟，饿了就用泡面、榨菜、矿泉水解决，困了就在车里将就一觉。

驻村工作的一年，是欧文东一段独特的经历。

2013年，欧文东响应号召，深入海拔4737米的那曲市尼玛县甲谷乡曲米村担任驻村工作队队长。语言是最大的障碍，但欧文东没有害怕，驻村后第一时间就带着队员开展入户调研工作，起早贪黑、挨家挨户，深入了解村民的想法，了解村民致贫的原因，通过各种渠道为

村民寻找致富门路。

短短一年，他帮助和指导曲米村“两委”完善落实曲米村各项规章制度；利用为民办实事经费，组织运营曲米村便民商店；当得知村里贡确洛扎在内地上学、村民旦增小孩考上那曲市高中，家庭非常贫困，他拿出办实事经费4000元对其家庭进行帮扶；组织村民捐款共8000余元，帮助困难老党员旺扎觉美前往拉萨治病……

由于交通及地理条件限制，欧文东驻村的地区蔬菜价格昂贵，当地群众吃不到新鲜的蔬菜。他组织村民对村里两个废弃的温室大棚进行维修，购买原材料及维修工具，联系自治区农科院为曲米村免费提供了各种蔬菜种子，带领村民在温室大棚里种上小白菜、青椒、西红柿等蔬菜。

驻村工作结束时，农牧民们献上一条条洁白哈达、一杯杯香甜的青稞酒，欧文东深深感受着农牧民们对他的情谊，也感受到自己工作的价值。

在日常的台站工作中，欧文东从来都马不停蹄，忙着台站的地震监测任务和仪器维护工作，一丝不苟，哪怕一个稍微松开的螺丝钉都不放过。

他所带领的日喀则地震台先后获得“2012年全区台站测震评比第一名”“2014年西藏地震局先进集体”“2015年‘4·25’尼泊尔地震应急特别奖”等奖项。可面对荣誉欧文东却说：“我也没有做出什么突出的事迹，只是做了自己该做的事情。”

14年，5000多个日日夜夜，他默默无闻，始终坚守。欧文东说，对他来说家国情怀就是奉献艰苦地区，而他还将在这条路上继续。

不畏强震海啸　坚守一线勘测

——中国地震局地质研究所印尼水电项目组

新中国成立后，为了国家经济建设的需要，在党和国家领导人指示下，中国科学院地震工作委员会开始研究中国地震。中国使用地震仪器观测地震至今不足百年，只有依靠历史资料才能掌握更长时期的地震活动情况。

中国科学技术已经能让“嫦娥”登月、“蛟龙”入海，但是全世界面临的难题是“上天容易入地难”。直到如今，几千年探索下来，人类还无法获知地下的秘密。但是中国地震人通过一代又一代艰苦努力，已使中国地震研究跻身世界先进行列。

近年来，为响应“一带一路”倡议，更好地服务沿线重大工程建设，中国地震局先后援建“一带

一路”沿线国家境外地震台网50个，承担重大工程的地震安全性评价项目数十个。在中国地震学者走出国门的那一刻，他们深知肩负的使命光荣、责任重大，需用中国地震人的探索精神树立起中国形象。

2018年9月，中国地震局地质研究所印尼水电项目组响应国家号召，服务“一带一路”工程建设，在印度尼西亚苏拉威西帕卢盆地以南开展拉利昂彼力水电站坝址周边断裂活动性鉴定工作，对左旋走滑速率高达35毫米/年的帕卢断裂带进行野外考察。

印尼水电项目组成员包括中国地震局地质研究所研究员冉洪流、陈杰、尹功明、任治坤和博士生刘金瑞、郭鹏6人。2018年9月28日中午，他们入住帕卢市滨海宾馆。当天下午3点，他们经历了6.1级地震及随后的7.4级强烈地震与海啸。

9月28日18时02分，印度尼西亚帕卢发生7.4级地震，随之引发海啸。这次地震的发震断层为Palu–Koro断层。震前该断裂带上历史记载的最强地震不超过6.5级，最近一次为2012年的6.3级地震，与其高滑动的速率不匹配，甚至引发学者推测Palu–Koro断裂以蠕滑为主。地震发生时，印尼水电项目组6名科研人员正在现场开展Palu–Koro断裂的相关研究工作，震后发现了部分地表破裂带，最大左旋同震位错达8米。该次地震在帕鲁市区的地表破裂带展布，与前人研究绘制的Palu–Koro断裂展布并不一致，即该次地震帕鲁市区部分地表破裂发生在前人未研究的断裂上，是一条新生断裂还是前人研究中未发现的断裂有待进一步研究解决。此外，该次地震除了地震本身造成的损失以外，还触发了强烈海啸、大规模沙土液化，造成大量人员伤亡与财产损失。尤其是该次地震为走滑型断裂，属于不易触发海啸的地震类型，但是触发了强烈的海啸。该次地震中的沙土液化吞噬了多个街区的房屋、人员，造成约5000人失踪。

在发震断层附近的6名科研人员死里逃生，有部分人员擦伤。他们的所有野外装备、护照及鞋帽等行李均被埋压在倒塌的宾馆中，其中2人的手机丢失破损。为了更好地应对所面临的危局，印尼水电项目组成立了临时党支部，决定6人共进退。在震后停水断电、强余震不断、通信时断时续、无任何换洗衣物、吃饭饮水勉强供应、燃油等物资极度短缺的艰苦条件下，他们不顾伤痛，冒着酷暑，穿着拖鞋及向当地百姓借来的运动鞋，协助待命的国家地震救援队做好前期准备工作，同时在震区开展了地表破裂带及地震灾害的初步调查，利用仅剩4块电池的无人机获取了3~4千米长地震地表破裂带及沿线震灾损失的高分辨率影像资料。

印尼水电项目组成员用他们精湛的专业技术和强大的意志品质，向世界证明了中国在地震活动断层探查与地震小区划技术方面的实力，

帮助印尼政府开展灾后重建与规划。

该次科考所遇到的困难前所未有。以前在国内做地震科考，通常是携带着精良的各种观测装备，而在印尼，科研人员不仅要面对时不时的余震，提防着建筑物的二次倒塌，还要克服酷热带来的头晕眼花，以及缺水缺粮给身体造成的伤害。地震第三天时，灾区治安状况及疫情逐渐恶化，提前购置的饮水和食物几乎告罄。面对这样的情况，说不害怕是不可能的，可害怕又解决不了问题。渴了只能咽咽唾沫，困了就在宽敞地带躺上一会儿。就是面对这样的困难，所有人的观测没有停下过，手中的记录没有停止过，大家在一起分析、一起讨论，用工作的热情对抗着困难。

一次地震，科研人员用临危不惧展示了中国地震人的工作态度，也用献身科研的精神展示着大国形象。他们初心不改，极力地探知着地震的秘密，为了全人类的防震减灾事业在奋斗。

您的安稳　我的追求

——广东省地震局监测中心　黄文辉

广东省地震局研究员黄文辉是广东省数字地震遥测台网系统管理与维护的主要负责人。作为地震系统测震软件开发的专家和行业内科技创新的领军人物，他不但规划和设计了地震台网的网络结构，还自主研制了多个大型地震专业应用软件，如地震分析交互处理系统、地震台网实时处理系统、单台交互分析软件、台网监控系统、EQIM地震速报共享系统、JOPENS软件系统等。这些软件在全国地震系统中得到深入广泛的推广应用，极大地提高了区域台网观测系统的自动化、网络化和集成化水平。

其中，“‘十五’数字地震观测网络项目”测震核心专业软件JOPENS，还在我国台站密度满足要求的地区实现了局部地震预警，为我国大范围的地震预警系统建设奠定了基础。

潜心研发让地震速报速度提高了4 ~ 5倍

地震速报是地震系统服务社会和政府开展地震应急和减灾的一项基础性工作，因此要求其速度快、精度高。为了加快开展地震自动速报技术的科技攻关，在黄文辉的带领下，开发团队立足实践破解技术难题。经过无数日夜的奋战，他们终于成功开发出我国实用化的自动速报技术系统，并成功应用在“国家地震速报备份系统”中。

他主导研发的JOPENS系统，攻克地震参数自动测定“快”与“准”的重大技术难题，系统地震速报速度提高了4 ~ 5倍，国内地震速报时间从震后平均18.7分钟减少到3.5分钟，国外地震从震后平均45.3分钟减少到11.1分钟。该系统达到了国际先进水平，极大地提高了地震速报的时效性和可靠性，为政府和社会开展大地震应急救灾赢得宝贵的时间，对减轻地震灾害和稳定社会具有重大意义。

JOPENS系统是中国地震科技的重大创新，将推动我国地震速报工作的发展，使地震监测能力实现跨越式提高，为保障人民生命财产安全、经济社会发展发挥不可替代的重要作用。

开拓创新，实现地震台网间网络化数据实时共享

作为防震减灾第一线的监测科技带头人，黄文辉总是保持高度的科研热情，不断开拓创新发展新领域、新思路。早在2000年，他就提

出了利用互联网传输地震观测实时数据的想法，率先在全国开发VPN设备和软件，使广东省数字地震台网成为全国较早利用互联网技术和数据库的地震台网，最早实现地震台网之间的网络化数据实时共享，实现了广东省数字地震台网与新丰江数字地震台网、汕头数字地震台网、海南省数字地震台网、广西壮族自治区数字地震台网的互联。

目前，该技术不但应用在“十五”测震项目，实现了全国测震台网数据的实时共享，还成功应用于南北地震带和CDSN台网，为防震减灾事业作出了积极的贡献。

刻苦攻关22年，编写的代码量超过200万行

从1997年至今，黄文辉在国内首创研制十多个大型地震专业软件，编写的代码量超过200万行，软件包括地震分析交互处理系统、地震台

网实时处理系统、单台交互分析软件、台网监控系统、EQIM地震速报共享系统和JOPENS软件系统等。大型专业软件JOPENS吸收引进了国外先进科技，被称为“中国地震局‘十一五’以来最具应用实效科技成果”，荣获2016年广东省科技进步奖一等奖。

2017年JOPENS6.0通过了专家组的验收，较之前版本有了重大的改变和突破，不但将行业专项“全国统一编目系统及其规范研制”的成果集成在一起，且分为国家地震台版本、区域测震台网版本及国家测震台网版本。JOPENS团队还配合国家速报灾备系统建设、预警项目、新震级国标及新参数项目省局试点、全国一维模型项目的推广，做了多项软件更新，并全部集成在JOPEN6.0版本当中。

把自己当战士　把灾区当战场

——贵州省应急管理厅减灾中心灾害应急与评估部　任　飞

任飞，是一名普通的应急管理干部，自1991年参加工作至今，28年来一直从事防灾减灾救灾工作。在贵州的大山里，在一次次承担急难险重任务时，他不顾个人安危，担当应急“先锋”，第一时间把党和政府对受灾群众的关怀和温暖传递到灾区，点燃受灾群众心中的希望，无怨无悔践行防灾减灾救灾工作的崇高使命。

远在灾区，向家人道一声“除夕快乐”

贵州地质结构复杂，自然灾害频发多发，素有“天无三日晴、地无三尺平”及“无灾不成年”之说。自然灾害主要分布在大山区和深山区，通往灾区的路充满各种危险，在自然灾害发生、发展和演变过程中，时刻威胁着一线抢险救灾工作人员的安全。

2013年除夕前夜，黔东南州剑河县革东镇南嵱村发生火灾，造成28户村民房屋受损。得知情况后，原本要回家的任飞随即改了行程，直奔火灾现场。就在他快到南嵱村时，因下大雨路面湿滑，导致车辆打滑后退了近6米，若不是撞在路边直径约20厘米的松树上，车辆将坠入山谷。双脚着地后，与死神擦肩而过的任飞心中一阵后怕，心有余悸的他继续踏上前往南嵱村的泥泞小路。

步行近3公里来到南嵱村，任飞的眼前是大火过后遍地狼藉的木质结构房屋，无限的忧伤笼罩着村庄，没有一丝除夕的气息。村民们紧紧拉着任飞的手，不停地对他说火灾的场景。“政府为你们安排住处没有？生活有保障吗？有什么困难需要解决？”任飞完成灾情评估、指导基层开展灾后工作、慰问受灾群众等工作时，已过深夜12点。摸着咕咕叫的肚子，终于停下来的任飞这才有了饥饿感，从汽车的后备厢中拿出方便面和矿泉水，一边吃一边对着没有烟花的夜空，向远方等他团聚的家人道一声“除夕快乐”。

哪里有灾情，哪里就有他的身影

走进任飞的办公室，衣帽架上一个洗得发白的背包格外引人注目。打开后，只见背包里面装有笔记本电脑、导航设备、雨衣等灾区一线工作的必需品。在交谈中记者得知，背包和雨鞋犹如任飞的“兄弟”，时刻准备着和他一起奔赴灾区。

2008年，贵州省出现特大低温雨雪冰冻灾害，造成铜仁市公路滞留大量人员，高峰时达3.5万人，城区供电、供水、交通告急，群众生产生活遭受严重损失。为了不让群众冻倒、饿倒、因灾病倒，任飞向凝冻发起挑战。他用绳子拴鞋、铁链套车轮，艰难地行走在凝冻的路面上开展救助工作，饿了就吃方便面，困了就睡办公室，病了就边输液边处置灾情。没有电，任飞点燃蜡烛继续办公，挨个核实数据，报表和材料直接用手写，确保了大灾面前没有出现非正常情况。

2013年，四川雅安“4・20”7.0级地震发生后，贵州紧急驰援雅安。为保证救灾物资安全，负责押运工作的任飞在从贵阳赶往雅安的路上，38个小时不曾下车，以至于在救灾帐篷、棉被等物资如数运达芦山县重灾区时，准备下车的任飞因膝盖长时间弯曲而重重地摔倒在地上。

无论是2008年贵州省特大低温雨雪冰冻灾害、2010年“6・28”关岭岗乌镇特大型滑坡地质灾害，还是2016年黎平县九潮镇洪涝灾害、2017年纳雍县张家湾镇“8・28”山体崩塌灾害……任飞总会出现在抢险救援的第一线，哪里有灾情，哪里就有他的身影。主动请缨奔赴一线的任飞，总能在第一时间将受灾情况形成报告如实反馈，为领导安排部署救灾工作提供决策依据，同时指导基层开展救援和灾后重建等工作。

“我一直把自己当作战士，受灾一线就是战场，灾情就是命令，群众的安全和安置就是我要完成的使命。”28年来，奔跑在受灾一线的任飞早已成长为应急系统里英勇无比的“战士”，在灾区的战场上挥洒青春和热血。

“任飞深入一线收集保存近500G的影像资料，是我们开展灾害评估的重要依据，但这些资料中，没有一个任飞的镜头。”贵州省应急管理厅减灾中心主任李宇均夸赞之余稍显遗憾。“在灾情面前，无论有什么困难，‘任哥’都坚持在第一时间赶赴受灾一线。”在贵州省应急管理厅减灾中心综合部李明胜心中，任飞不仅是优秀的“战士”，还是生活上关心他、工作上指引他的“任哥”。

“不让群众因灾致贫、因灾返贫”

“自然灾害面前，减损就是增收。农民生活艰苦，我有责任帮助群众减少灾害带来的损失，不让他们因灾致贫、因灾返贫。”任飞经历过生活的苦，才更加懂得其中的艰辛与不易，在他心中始终有一个愿望，让受灾群众“有饭吃、有衣穿、有地方住、有学上、有钱治病”。

那是1996年，任飞主动申请到距离印江县城最远、最贫穷的沙子坡镇庹家村开展扶贫工作，挑战不通路、不通电、不通水的恶劣环境。他白天往返各村组之间手绘地图，夜晚在煤油灯下规划通村公路，带领群众挖路基、架电线杆、修沟渠。在没有向国家申请任何资金援助的情况下，经过3年的艰苦奋斗，庹家村不仅率先通了水、电、路，走出煤油灯和肩挑背驮的困境，还为村委会配备了柴油加米机、磨面机等粮食加工机器，解决了全村2000多人的基本温饱问题，改变了村集体经济“空壳”的状况。

安居乐业，首要是安居。“房子是百姓一辈子的积蓄，我无法接受灾害在顷刻间将其化为乌有，让百姓陷入贫穷之中。”任飞亲眼目睹了无数群众因灾致贫、因灾返贫，甚至失去家园。

结合贵州省每年因自然灾害倒塌、火灾烧损房子较多的实际，2016年，任飞充分利用灾情数据收集统计工作的积极作用，为“贵州省减灾安居工程”的数据收集和方案起草工作做出了突出贡献。实施后的“贵州省减灾安居工程”整合了危房改造、易地扶贫搬迁、政策性农房保险资金、减灾资金等资源，帮助无数受灾群众重建家园。

无论是深入脱贫攻坚一线还是在脱贫攻坚大后方，任飞初心依旧，始终心系群众，尽已所能，让群众朝着脱贫致富奔小康之路坚定前行。

攀登地震预报科学高峰

——中国地震台网中心　蒋海昆

蒋海昆，2000年10月毕业于中国地震局地质研究所，理学博士，现任中国地震台网中心研究员、地震预报部主任、第三党支部书记。

蒋海昆注重政治理论学习，在工作、学习和生活中努力增强党性原则、提高个人修养。他业务工作能力强，工作思路清晰，注重对年轻科技人员的业务指导和培养，是一个专家型、业务型的部门领导。在他的带领下，地震预报部形成讲奉献、顾大局、党员干部带头、职

工团结协作、一切以工作为重的良好工作和学术氛围。

作为党支部书记，蒋海昆认真贯彻落实“支部工作条例”，积极组织党员开展理论学习，创新学习方式，突出政治学习的教育作用和实际效果；开展理想信念教育，严格党的组织生活，坚持“三会一课”制度，结合工作实际或学习收获，定期在支部讲党课，在2018年第9期《紫光阁》发表《依托“四个要”力促党建与业务融合》文章。按时组织召开支部组织生活会和民主评议党员，与党员谈心谈话、查摆问题，带头开展批评和自我批评，使预报部支部成为防震减灾事业上攻坚克难的排头兵和坚守奉献的战斗堡垒。蒋海昆带领预报部团队取得了突出成绩，多次荣获先进集体称号。

大胆探索，开拓创新奋斗在地震预报岗位一线

面对地震预报科学新的机遇和挑战，预报部一直坚持奋战在地震预报第一线，在继承中创新，大胆探索，坚守奉献。

预报部在业务工作中努力创新，在完成预测预报业务工作的同时，开展地震风险概率预测实用化研发，积极探索地震预报新思路、新方法，平均每年在研科研项目和监测预报任务性课题40余项，科研项目包括国家重点研发专项课题和专题、国家自然科学基金、国家星火计划项目等；在核心以上期刊发表论文50余篇，其中SCI论文10余篇；近几年来获中国地震局防震减灾优秀成果二、三等奖多项，多次荣获中国地震局地震监测预报工作先进单位和优秀集体。目前在职职工中，2人获国务院政府特殊津贴，1人获人社部和中国地震局联合表彰的“先进工作者”荣誉称号，1人获“中央国家机关优秀共产党员”荣誉称号，1人获“全国三八红旗手”称号，1人获“全国优秀科技工作者”称号。

6人入选中国地震局“新世纪百人计划”，2人入选“中国地震局防震减灾优秀人才百人计划”，1人被评为“中国地震局领军人才”，1人被评为“中国地震局青年人才”，1个团队被评为“中国地震局创新团队”。预报部党支部被应急管理部评选为优秀党支部。

以身作则，敢于担当，攀登地震预报科学高峰

蒋海昆业务能力强，工作勤恳踏实、认真负责，工作思路清晰、作风严谨务实。结合预报部业务工作特点，他努力把党建工作与事业发展有机融合，努力把党建落实到各项业务工作之中。工作上以身作则、努力作为、敢于担当，努力营造风清气正、宽松和谐、干事创业的工作环境。努力发挥共产党员的先锋模范作用，团结带领部门职工努力完成所承担的各项任务。面对繁重的工作任务和复杂的震情形势，蒋海昆冲锋在前、连续作战，加班加点是常态，在他的带领下，第三党支部和地震预报部形成顾大局、讲奉献、党员干部带头、职工团结协作、一切以工作为重的良好工作氛围，带领预报部党员干部承担全国年度地震危险区综合判定、强震短临跟踪、震后趋势研判及重大活动地震安全保障等任务，在我国地震预测预报工作中发挥国家队的核心关键作用。

坚守初心，不辱使命，争做防震减灾事业的排头兵

中国地震台网中心预报部承担全国年度地震重点危险区的判定及跟踪。年度地震趋势及危险区判定结论对指导地方政府做好大震应对

工作具有重要意义，是地震系统部署年度震情跟踪、强化地震监测预报的最主要依据，是进一步开展地震短期及短临预测的科学基础和必要前提。要做好危险区的判定工作，就意味着要充分利用多学科、多手段、多方法的观测资料，深入透彻分析每项异常，因为一项异常的认可与否常常关系到对一个地区发震紧迫性的判断。这项工作没有捷径，只能逐项精确核实和系统梳理，凭借的是对预报业务精益求精的态度，更离不开的是那一份沉甸甸的使命感。

作为新一代的地震人，只有顶住压力、敢于担当，做好本职工作，才能不负人民，不负使命。自汶川地震后，作为台网中心新闻发言人团队专家成员，每当有影响地震事件、显著震情和地震谣传事件后，预报部几位成员都要分别接受国内各大媒体的采访或专访。这是一项极具挑战性、敏感性的工作，要提前准备大量的资料，有的时候彻夜难眠，承受的压力是无形的，有时还得承受同行的质询和公众的指责。

这一切的努力都是为了正确引导舆论、推进公众信息知情权、最大限度地维护社会稳定。

新时代有新要求，在“两个坚持”“三个转变”防灾减灾新思想的领导下，他们信仰信念信心更加坚定、人民立场更加鲜明、忧患意识更加强烈、改革创新更加突出、工作作风更加务实，始终坚持和践行着初心和使命。

预报部的每位成员都深知地震预报科学探索是一条艰难、曲折的道路，在这条道路上，他们的肩上承载着太多的责任和希望。然而，在困难和考验面前，知难而进的地震预报人必将怀着坚定的信念，肩负地震预报的使命，秉承“功成不必在我、功成自然有我”的理念，甘做地震预报科学探索的铺路石；时刻牢记“我是谁”“为了谁”，做防震减灾事业的排头兵，用坚定的信念和无限的热忱，为防震减灾事业的发展添砖加瓦、努力奋斗，勇往直前踏上新的征程！

走出国门的白衣天使

——中国救援队医疗分队　朱　伟

由白衣天使转变为应急医疗救援勇士，挑起应急医疗保障团队建设的重担，并率队走出国门，身先士卒、攻坚克难，经受了严峻的考验和磨炼，打赢印尼海啸救援备勤和赴莫桑比克海外救援行动的硬仗，表现突出，书写了当代知识分子爱党许国的篇章，展现了新时代应急人的形象风采和使命担当，受到领导和群众广泛的信任和好评，他就是应急总医院骨科主任医师、中国救援队医疗分队队长朱伟。

打头阵"啃硬骨头"

从事骨科临床工作26年，朱伟在创伤、矫形、骨肿瘤等骨科领域具有丰富的临床经验，曾获部级科技进步二等奖一项、三等奖一项，先后在核心专业杂志发表论文30余篇，主译了《骨与关节创伤》，参与翻译了《急诊与现场急救实用指南》等著作。同时，朱伟还任中国矿山骨科联盟主席、中国煤矿创伤学会第八届委员会副会长兼秘书长、中华医学会创伤学分会煤矿创伤学组秘书长，为我国骨科医疗事业的发展贡献良多。

应急管理部成立不久，部党组决定成立以消防为主体、各专业团队为支撑的1+N应急救援队伍，应急总医院成为这支队伍的医疗保障力量。作为一名党员，朱伟从事关服务应急事业、医院转型发展的大局来看待医疗保障团队的建设，主动挑起了团队建设的重担。

面对新时期的新要求和应急事业的全新领域，朱伟不等不靠，全力以赴打头阵"啃硬骨头"。他已经是业内广受赞誉的专家，但他自我加压，除了继续更新骨科医疗知识，还加强了对应急医疗及管理等新知识的掌握。他先后到多家兄弟医院学习取经，记满了3本学习笔记；注重更新理念、优化知识结构；对标一流标准，从严从紧组建、打造应急救援医疗保障团队。

高定位苦练本领

朱伟坚持问题导向，跳出老习惯、老思路，开拓创新，在他的带动下，医院"角色"快速切换到位：相应的工作小组建立迅速，工作机制运转流畅；每周三下午召开例会，先后共讨论、制定人员管理、队伍组成、装备配备、值守轮勤、评价激励等工作制度48项；根据不同情况设计了相应的预案和工作手册。在短时间内建立起一支对标国际标准的40人跨国（境）救援医疗保障团队。

与此同时，他紧抓队伍专业化建设，突出实战实操。2018年10月起，应急总医院院内开展“跨国（境）应急医疗救援培训”，内容涵盖应急医学救援理论与各常见疾病及伤害的救援实践等内容；总院先后组织承办了应急管理部首期跨国（境）应急医疗救援培训班、灾害医学培训，邀请国内外知名专家进行强化培训，既有新理念“头脑风暴”，又有手把手实操。朱伟全程组织、驻会、参与，并与来自消防救援局、森林消防局的年轻人一起摸爬滚打，练就过硬本领，被队员们亲切地称为“朱大哥”。

挑重担打赢硬仗

2018年9月28日，印尼发生地震海啸，应急管理部启动了成立后的首次跨国（境）救援响应。时值国庆黄金周，朱伟迅速赶到医院，短时间内组织好队伍，成立了临时党支部，并任支部书记，认真做好出队前各项任务动员，圆满完成了备勤任务。

2019年3月15日，非洲莫桑比克遭受热带气旋“伊代”袭击，造成重大人员伤亡。应急管理部组建后首次派出中国救援队赴境外开展国际救援，这也是应急总医院首次出队。20名医疗队员由朱伟率领。接到出队通知，在外开会的他立即买了回京的机票，下了飞机连家都没回就赶往医院集结。

面对灾区霍乱疫情暴发、当地医疗机构无救治能力、条件艰苦、压力大、风险高的严峻形势下，朱伟身先士卒，哪里最艰苦、最危险，哪里就有他冲在最前的身影。他冒着35摄氏度的高温，率队进行高强度的医疗工作，指导科学防疫、杀菌消毒，每天出诊七八个小时，甚至顾不上喝水吃饭。晚上队员都休息了，他还要继续加班加点，综合考虑任务的工作强度、环境的危险程度等因素，连夜统筹安排医疗队第二天的工作。在他的带领下，医疗队与当地及联合国卫生组织合作顺畅，赢得了广泛的信任和认可，在国际舞台上展示了大国风范。

朱伟充分彰显和诠释了共产党员吃苦在前、拼搏奉献的模范带头作用。作为队伍的“主心骨”，他关注每名队员的身心健康，合理安排任务，保证队员劳逸结合和战斗力的持续提高，而他自己，到灾区没几天就瘦了两圈。

在莫桑比克的12天，朱伟率领的队伍成为灾区唯一能够开展基础医疗服务的医疗队伍，共计巡诊1.5万人次，治疗3337人，清洗消毒33.08万平方米，在异国他乡彰显了新时代应急人的使命与担当，以出色的行动赢得了国际组织、莫桑比克政府与民众以及当地华人的广泛赞誉，得到了应急管理部党组、国内外舆论的高度肯定。

消防安全·应急救援

为故宫守文物　为广场护安全
为人民保平安

——北京市消防救援总队天安门支队故宫特勤中队　蔡瑞

即将在明年迎来600岁的北京故宫，是世界上现存规模最大、保存最为完整的木质结构的古建筑群之一，是中国古代宫廷建筑之精华，是无与伦比的建筑杰作。

故宫里有8728间木质结构的房屋，和大量木质藏品、书籍、字画等易燃文物，一次不小心的火灾，就将产生无可挽回的影响。作为故宫特勤消防中队指导员，蔡瑞深知自己的责任重大。在无数个日夜里，他带着他的队员们，在一年的365天、每天的24小时里，永无间断地为这座殿宇守护安全。

把消防工作做到故宫的每一个角落

故宫很大，大到一个新兵初到这里，需要差不多三个月才能把整个故宫的地形跑熟。

在这个庞大的建筑群里，10个区域、55个重点、308个水缸、167个消防栓、3000余个摄像头、4866个灭火器具的位置，蔡瑞都了如指掌。在他的办公室墙上挂着两幅平面图，一幅是故宫全貌，另一幅便是水源图。依靠一双脚和一支笔，他成了这里的“活地图”。

跑，是故宫中队消防战士每天的必修课。蔡瑞35岁了，是全队年龄最大的，但他的训练一点也不比别人少。每天早上，全体队员先跑圈。沿着故宫外墙内侧通道，经东华门、神武门、西华门再回来，一圈下来3公里。

不仅是跑，而且还要负重。要训练背着几十斤的空气呼吸气瓶爬台阶、折返跑；要练习穿戴齐装备，拿着消防水带跑；要在跑的过程中完成接水带、接水枪等动作，精确到秒地跑。

由于要对故宫环境和文物进行保护，现代消防中各种“高精尖”设备和大型消防车在这里都用不到，只能依靠更有效的措施和更过硬的能力。虽然故宫中队创造了41年无人为火灾的纪录，但蔡瑞并没有松懈。为了建立一套更科学高效的救火系统，他带领中队对8000多个房间逐一调研，制定了一整套预案，对进攻路线、供水方法、灭火剂选择等进行预先计划统筹。还积极推动了故宫管理部门安装智能感烟点式探测器5674个、吸气式火灾探测器113台，确保两套系统对全院殿宇宫室消防监控全覆盖。在消防总队和故宫方面的支持下，他带领着中队，每月一小练，每年一大练。从对供水管网进行测试，到联合驻院各单位开展灭火救援综合演练，以及中队内开展对古建筑群全方位的消防演练，确保了出现险情一分钟内出警，三分钟内处置。

获得“没有灭火战功”的人

故宫中队的队员们，如果拉出去进行大比武，可以说个个都是“精英”，但蔡瑞希望这些救火的能力永远都不要在故宫中用上。“没有灭火战功”，就是对他最大的褒奖。

防火，从每一日对水源的保障开始。“冬凿冰、夏注水、春除草、秋清叶”。为了让故宫随时具备充足水源，消防官兵们要在零下十几度的天气里身着战斗服、戴上面具，将结冰的水面凿出窟窿，溅在衣服上的水几秒钟就结成了冰；还要在炎热的夏季，向故宫内未开放区域水缸注水，确保水缸里永远有足够的水；到了春秋，消防官兵们还要“飞檐走壁”，将杂草、落叶除尽，从根本上杜绝消防隐患。

防火，还要从检查每一个角落开始。自2012年以来，故宫每年的客流量都在1500万人以上。任何一个被偷藏夹带进故宫的火种，和偷摸抽烟留下的烟头，对他们来说都是决不能忽视的隐患。为了掐灭任何一个可能“冒烟”的起火源，蔡瑞带领队友们成立了蔡瑞青年突击队，在景区内设立流动消防宣传服务站，协助安检、服务中外游客、开展消防宣传。赶上节假日人多的时候，他每天凌晨3点多就起床执勤，直到晚上10点才结束。

保护故宫、广场和居民是我的使命

除了故宫内部，南到前门，北到地安门，东西还有两个街道，包括天安门广场在内的共计3.74平方公里、6万多常住居民，都由蔡瑞所在的故宫中队管辖。走出故宫，责任同样重大。

天安门地区年均吸引中外游客近亿人次，举行重大活动百余场次。从2011年起，蔡瑞带领着这个仅有70余人的中队对天安门广场实行24小时不间断巡逻执勤，巡逻时间累计8760小时，巡逻里程1万余公里，相当于一年要走完一次“长征”。

2015年“两大安保”消防执勤保卫的那段时间，蔡瑞每天肩上背着20公斤的细水雾，手中提着灭火器，步行将近5个小时。连日地奔走，让他的旧伤复发，脚上磨出了多个血泡，一天的勤务下来，腿脚就像被针扎一般。即便如此，他还是没有坐下来休息片刻。

大环境重视，小胡同也不能疏漏。北京进入主汛期，用电量激增，此外老胡同狭窄，消防车进不去，那些消防栓是否完好，这些都让蔡瑞和消防队一刻也不能掉以轻心。除了做好防范，他还坚持做好消防知识的传播，不断创新“市民消防培训学校”培训方法，把消防常识、技能培训、参观体验集于一体，用简单、易懂、生动的语言讲解火灾的预防、火场自救及逃生方法等消防安全基本常识，受到了辖区老百姓的一致好评。近年来，蔡瑞已先后培训60期学员，共计2000余人次，极大地提高了辖区群众消防安全意识。

“我的目标很简单，就是确保广场勤务安安全全，确保故宫零火灾。明年是故宫建成600年，把完整的紫禁城交给壮美的下一个600年，把社区的老百姓服务好，这就是我的使命。”入伍以来的十余年间，蔡瑞经历过3000余次灭火战斗和抢险救援，完成了近千次重大安保任务，先后荣立个人二等功2次、三等功4次。2017年5月19日，他作为优秀基层单位代表，受到了习近平总书记的亲切接见并在立功集体表彰大会上做了发言。2019年6月，被中央组织部、中央宣传部授予全国“人民满意的公务员”称号。

坚守灭火一线 “烂掉的鞋”在他脚下打磨了上千公里

——四川省森林消防总队特种救援大队
三中队 侯正超

13年前，侯正超走出只有39户人家的小山村，带着全村父老乡亲的期望与嘱托来到部队。他从军的最初梦想就是在部队好好干，争取退伍前入党，成为他家里的第一个党员，实现家里三代人的愿望。

带着这个梦想，侯正超开始了他的军旅生涯。如今，侯正超任四川省森林消防总队特种救援大队三中队代理排长。

侯正超刚入伍的时候有点胖，1.73米的个头竟有90多公斤，每天跑步他都掉在队伍最后面。5公里野外跑不及格，400米障碍过不去，体能成绩一塌糊涂，大家都不看好他。中队组织的第一次野营演练，班长觉得侯正超身体素质差就让他在部队留守。看着战友们都能去拉练，侯正超心里就像打翻了五味瓶。甩掉“孬兵”的尾巴，成了侯正超军旅生活中需要迈过的第一道坎儿。

为练就过硬本领，侯正超给自己制定了“炼狱计划”。每天早上提前一个小时起床，绕操场跑10圈，之后再参加中队早操。练体能，他的小腿被沙袋磨破出血；练器械，他每天坚持做俯卧撑、仰卧起坐、引体向上，几年来从不间断，两只手常常磨出血泡；练障碍，他跳深坑、爬高墙，胳膊大腿擦碰得又红又肿，被低桩网铁丝划出道道血痕……

侯正超至今保存着许多“烂掉的鞋”——近2厘米厚的胶底已经磨没了，只剩下一层海绵底，脚后跟内侧也磨成了一个平面。就是这些“烂掉的鞋”，在他脚下打磨了数百个10公里。

2018年2月，正值春节期间，四川省甘孜州雅江县恶古乡、八角楼乡相继发生2起重大森林火灾。侯正超所在的凉山森林支队接到总队命令，出动兵力星夜兼程赶赴火场实施跨区灭火增援任务。刚下汽车还带着强烈的高原反应，侯正超就主动请缨，带领指挥10余名战士扑向火魔。

火场上的高温烘烤就像在蒸笼里一样，侯正超和身边战友身上的衣服被汗水打湿又被高温烤干。攻打火头时，整个人身上的水分仿佛都被蒸发了一样，让人口干舌燥。浓烟滚滚中，连呼吸都变得异常困难。面对如此艰难的作战环境，侯正超率先喊出“听我的、跟我上”

的口号，与火魔展开殊死较量。

在突破火线的时候侯正超的左腿被木条划伤，伤口长度约10厘米，防火服裤子、袜子瞬间被血液浸透，而大火正不断往山下蔓延。他咬紧毛巾，让卫生员简单处理了伤口后，不顾伤痛和危险，又毅然带着突击队奔向火场阻击火魔。通过四天四夜的连续奋战，大火终被扑灭，回到部队后侯正超倒在床上昏睡了一天一夜。至今，那条伤疤还深深印在他的腿上。

2018年，对森林消防队伍来说是一个具有划时代意义的一年，对他个人来讲也是人生选择的关键一年。

面临转制改革，当家人期盼与组织需要冲突时，侯正超毅然选择投身应急救援事业。当时对去留犹豫不决的战友看他留下来，也坚定了信心、保持了定力，跟着队伍一起踏上应急管理事业的新征程。

在侯正超看来，个人素质再怎么过硬都不算硬，团队整体强才是

真正的强。工作训练中，他注重发挥“酵母”“种子”作用，用实际行动感召大家投身应急救援事业，激发苦练过硬本领的热情。大队组建初期，指战员来自不同单位，加之训练强度大，个别从高原来的指战员产生了退出的想法。了解情况后，侯正超一对一地给他们讲政策、论得失，坚定战友们“干下去”的决心和勇气。特种救援大队组建以来，没有一个人当“逃兵”。

训练场上，侯正超既是“拼命郎”，更是“领头狼”。每次出操站队第一个到位，每次器械训练第一个示范，每次越野奔袭第一个到达终点。在他的带动下，课余时间操场上到处都能看到指战员自发训练的身影。

侯正超的人生词典里，没有畏惧和退缩。在急难险重任务面前，他敢于叫响“看我的”“跟我来”。

面对穿梭火场时留下的疤痕，侯正超微笑着说：“这条伤疤是我的功勋章，是一生的荣誉。”

“烈火英雄”永远保持冲锋的姿势

——江苏省消防救援总队南京支队方家营中队 丁良浩

消防员在火海里一个阀门关闭要转数千甚至上万下，防止流淌火蔓延到化学区引起全城爆炸，要在海里取水供整个救援……2019年8月，电影《烈火英雄》热映，泪目还原火灾救援奇迹。

这样的危险，消防员丁良浩也经历过。走进消防员的世界，越了解真实的消防救援工作，就越感到他们是“赴汤蹈火”的平凡英雄。

在江苏省南京市消防救援支队鼓楼区大队方家营中队，中队长助

理丁良浩称得上是一位“大龄尖兵”。做消防员19年，他参加灭火救援战斗数千余起，先后荣立个人一等功2次、二等功1次、三等功8次。

面对充满变数的火灾险情，过硬的体能、技能水平是一名消防员的看家本领。

2000年12月，18岁的丁良浩被分到南京市消防救援支队新兵连。报到那天，一进营区，丁良浩就被这样一幕震撼了：篮球场上老兵们短袖T恤，在刺骨寒风中像斗牛一样猛烈冲撞。他在心里惊叹：这些老兵可真壮实啊，我要变得跟他们一样！

新兵连训练三个月，最后一个月下队实习，丁良浩就被选拔到高空业务集训队。为了练好徒手攀登墙角这一项技能，他的手指脚趾经常磨破水泡出血，作训鞋也三天就磨损一双。凭着一股不服输的劲头，丁良浩圆满完成了汇报演出任务，收获了人生第一枚军功章。

2010年，在备战全国消防队伍打造铁军比武竞赛期间，丁良浩每天起早贪黑加练，最终夺得消防铁人单项第三名。2013年上合组织峰会联合救灾演练，中国救援队与俄罗斯等多国救援队同场竞技，丁良浩作为重型搜救队骨干与队友密切配合，轮班昼夜作业，高质量完成所有科目。

直到现在，37岁的丁良浩各项业务技能和身体素质仍然十分“能打”，名列支队前茅。

和那群最帅的“逆行”身影一样，他是竞技场上追风逐浪的尖兵，也是突发灾难中冲锋的勇士。在救灾现场，丁良浩以敢打硬仗、恶仗，善打硬仗、恶仗著称。

2008年汶川地震救援中，丁良浩和战友先后转战什邡、漩口等地，几次冒着二次坍塌的危险进入废墟洞口，为已经被困48小时的人员打开生命通道，和战友共同营救出39名群众、疏散600余人。

丁良浩回忆，最危险的一次救援是2016年靖江德桥仓储有限公司爆炸，由于能力过硬和彼此的信任，“支队长点名让我一起执行关闭阀门的任务”。

由于火场情况复杂，丁良浩无法确定自己能不能顺利撤出来，在那一瞬间，他的脑海里闪现出父母、妻子、女儿的身影，像放电影一样，在他脑海里过了一遍。然而仅仅十几秒后，丁良浩再次回到战斗状态。

随后，他和三名突击队员两次深入火海，顶着高温辐射、冒着被流淌火包围的危险，在齐腰深的沸水和泡沫液下关闭燃料泄漏阀门。火光辉映下，城市转危为安，他们的头盔和隔热服也被烤焦了。

在救援现场之外，丁良浩更像一个大哥哥，战友评价他“身先士卒，以身作则，像一位严格的老师”，监督他们训练，纠正他们错误动作。不论谁遇到困难，丁良浩都热心想办法帮他们解决。

2017年，在全国公安系统英雄模范立功集体表彰大会上，丁良浩作为英模代表受到习近平总书记亲切接见。2018年，他被应急管理部消防救援局评为“十大杰出消防卫士”，这是江苏消防指战员第一次获得这份荣誉。

19年，在一次次转危为安中走过。

在南京市鼓楼区幕府西街，方家营消防中队宛如闹市中的一个警

示标识。丁良浩和队友们头脑中的那根弦，一年四季紧紧地绷着，消防服常备车中，时刻准备着冲向险情现场。

一次次出生入死的淬炼，回应着他们在2019年初制服由“橄榄绿”变成“火焰蓝”时，中队举行的“向人民汇报”晚会上庄严响亮的誓言：“我宣誓，我志愿加入国家消防救援队伍……”

“模范消防中队” 人人争当模范

——上海市消防救援总队黄浦支队车站中队

上海市消防救援总队黄浦支队车站中队始建于1920年10月。1999年，车站中队被国务院、中央军委授予“模范消防中队”荣誉称号，是全国消防队伍中第一个获此殊荣的单位。从那以后，中队指战员人手一本《模范消防员行为手册》，每名党员争创“模范党员示范岗”，争当“遵规守纪之星”，全队上下遵章守纪蔚然成风。

车站中队长期奋战在执勤战备一线，主要承担上海市核心区域——黄浦区内面积3.21平方公里（人口密度高达10余万）的灭火救灾、抢险救援及社会救助任务。1999年以来，车站中队累计接处警11600余起，

出动车辆17500余辆次，出动警力13万余人次，保护财产价值约9亿元；圆满完成新南京号邮轮火灾、汶川抗震救灾、上海地铁十号线追尾等重大灭火救援与抢险救灾任务，以及2010年世界博览会、2014年亚信峰会、2018年首届中国国际进口博览会等重大活动的消防安保任务。

中队指战员牢记“竭诚为民”的要求，每月20日到南京路步行街开展理发、量血压、测血糖等服务活动，二十年如一日，从未间断，累计服务上海市民约4万人次。同时，中队努力践行社区消防理念，每年到辖区街道社区、企事业单位、中小学校开展消防安全培训80余次。

针对辖区内高层建筑、老式里弄、商业综合体、地下空间密集分布的特点，中队积极探索高层灭火救援、地下空间灭火救援专业队组训模式，增强处置特殊灾害事故的攻坚能力；推进营区实战化训练模式，研发不利条件架梯、浓烟环境越障、复杂环境搜救等实战化训练操法。在上海地铁四号线在建工地塌方、地铁十号线追尾等事故救援中，中队作为攻坚力量深入现场实施救援，展示了较强的专业素质。

在2018年首届中国国际进口博览会举办期间，中队8名指战员全程参与核心区域保卫任务，连续2个月未曾见过太阳，全员24小时在馆内轮流驻岗，打赢了改革转隶后的第一场大仗硬仗。

同时，中队创新“三三二”体能训练法，动态调整训练强度，指战员体能显著提升，实现了向全员练、练长期的转变。在2018年全国消防部队冬训考核中，车站中队代表上海市消防救援总队获得了全国第一的好成绩。

在队伍建设中，中队党支部始终牢记消防队伍的优良传统，用铁的纪律打造铁的队伍。中队干部紧盯队伍管理不放松，刀刃向内，对可能发生的新问题逐一筛查，探索出台了《车站中队改革期间正规化管理“二十五条”刚性措施》，对正规化建设进行“四定位”管理，采取“一四一”模式，坚持“抓长抓常”，树立“火焰蓝”新形象。指战员自发成立“消防员督察队”，由消防员参与日常管理，对日常行为养成等进行随机检查。中队干部点对点分班负责开展经常性思想工作，建立家属微信群，定期分享指战员日常工作生活，通过“个人+集体+党员”三位一体生日庆典模式，进一步激发指战员的荣誉感与使命感。

“林海孤岛”中半个多世纪的守望

——内蒙古自治区森林消防总队大兴安岭支队奇乾中队

5月的大兴安岭，草木枯黄，寒风瑟瑟。虽已立夏，但北国之春仍然姗姗来迟，林中一些低洼背阴的地方依然覆盖着皑皑白雪。从莫尔道嘎镇到内蒙古森林消防总队大兴安岭支队莫尔道嘎大队七中队的公路已变成了水泥路，但一路上的荒无人烟，公路两旁密密麻麻的白桦树似乎从未改变。

组建于1963年的七中队，又称奇乾中队。作为保卫北部原始林区的桥头堡，奇乾中队处于森林灭火的战略前沿。发生森林火灾时，奇乾中队总是第一个出动、第一个达到火场、第一时间投入战斗、最后一个撤离，永远是原始林区的开路先锋。

建队以来，中队先后扑救森林火灾380余起，立下无数汗马功劳。2012年，中队被内蒙古自治区政府授予“北疆森林卫士”荣誉称号，林区人民亲切地将他

们誉为原始林区的“守护神”。

很少有像奇乾中队这样的队伍：不仅集偏远、寂寞、寒冷等不利因素于一身，还要时刻准备着与火魔战斗。可奇乾中队偏偏在“林海孤岛”扎下了根，开启了半个多世纪的坚守历程，默默守护着95万公顷原始森林，用青春和热血书写了护卫北疆绿色生态的辉煌篇章。

寂寞是突破极限的动力

汽车颠簸在蜿蜒的林区公路上，奇乾中队也在记者脑海中盘旋：中队所驻守的大兴安岭北部原始林区腹地，不通电、不通邮、手机常没有信号，被称为“林海孤岛”。队员们是怎样在这里生活、训练的呢?

“到了！”一声兴奋的惊呼，将记者从对奇乾中队的遐想中抽离出来。只见不远处一块木牌上写着“奇乾中队”，旁边的一块石头上镌刻着“坚守”二字。营房背后的山上，远远可见被翠绿的樟子松包围着的空地上有“忠诚”两个大字，这是队员们用白桦树拼成的。

“穿过了茫茫大草原，走进了巍巍大兴安。林海深处安了家，家名叫奇乾。”伴随着《家在奇乾》的歌声，中队指导员王永刚带领记者走进了奇乾中队。

蓝天白云下，一排排太阳能电池板闪闪发光。“木刻楞”（木头搭建的小屋）、“板夹泥”早已成为历史，取而代之的是红瓦白墙的营房和木质仿俄式建筑的菜窖。

营房后面，樟子松挺拔昂扬，阿巴河水碧波荡漾。队员们自己搭建的“绿色长廊”“桦木地图”“白桦书卷”以及一条记录着中队光辉战斗历程的“绿屏战道”，在绿树掩映下“诉说”着中队半个多世纪的沧桑。

奇乾中队驻地三面环山，一面临水，一年四季人迹罕至，距离最近的城镇也有150多公里，每年近6个月大雪封山。正如王永刚所说："中队的条件已经不算艰苦，面对的最大困难是整个冬天见不到一个陌生人。"

中队二级消防士布约小兵还记得以前队员们每次跑步经过一座大桥时，所有人都向着对面的大山一遍一遍地呐喊，再听着一遍又一遍的回声。一旦遇到晚上停电，寂寞就会像黑夜一样吞噬一切。由于中队不通电，发电机又不能24小时持续不停地工作，太阳能板如果遇上连续的阴雨天，便无法储存足够的电量。因此，停电是常有的事。一旦停电，大家只能打着手电学习。

停电还让中队失去了通信信号，队员们无法与外界和家人联系。这里成了真正与世隔绝的"孤岛"。中国电信呼伦贝尔分公司总经理柴瑞峰告诉记者："即便到现在，这里的信号也不太好，如果电供应不上，啥信号都没有。"柴瑞峰至今都记得中队通手机信号那一刻，战士们给家里打电话时激动落泪的表情。"我们后来在'忠诚'二字旁边建了一个微基站，但有没有信号得看天，手机要挂在树上打，才能收到信号。"柴瑞峰说。

2009年7月，刚从警校毕业的排长佟发达到中队的第五天就发现了一大喜讯——手机有信号了！这结束了队员们以"月刊"的形式寄情书的日子。从此，排长的手机就成了给队员们与恋人牵线的"红娘"。大家也总结出了打电话的必备条件：天气晴朗，位置固定，打开免提，大声喊话。队员们抱着大树，扯着脖子喊"我爱你、我想你"，有时信号不稳定，对方听不清楚，别的队员也帮着喊几声。

由于信号不好，很多队员与家人打电话时只能问声好，报个平安。2017年，中队有了4G信号，二级消防士王震与家人打通了视频电话。

当时，全家人都出现在了屏幕上，画面却突然卡住了，即使这样，王震面对着“全家福”，依旧激动不已。

“这里地处偏远，虽然有网，但毕竟不是与外面的世界真实接触，所以我们致力于营造一种家的氛围。”中队长王德朋说，中队给队员们过集体生日，关心队员的疾苦，组织队员们参加画画、根雕等兴趣小组，既消除寂寞，也磨炼意志。“我习惯了中队的一草一木，队员们待在一起就像一家人一样。”布约小兵说。

在奇乾中队，“三班倒”的蚊虫不可怕，无法与外界沟通不可怕，可怕的是人内心深处的孤独和惰性。但中队地处偏远心不远，寂寞让队员们走向理智。

无论在漆黑的夜晚还是寒冷的冬日，点名一个不落，起床一分不差，训练质量丝毫不减。队员们还以苦为乐，比如水泵坏了，大家就去河边打冰，在寻找活水的过程中体验乐趣，在解决困难的过程中逐渐成长。

“利用寂寞的时光提升自己，安静的环境反而更利于学习。中队在平时的工作中历来注重文化育人，队员们都想要通过知识来改变命运，将来做一个对社会有用的人。”王永刚说，奇乾中队很多退役人员进入社会之后，仍会选择读书深造，有的成了企业家，有的考上了公务员。在队员们看来，寂寞真是让人突破极限的强劲动力。

手抬肩挑造良田建操场

奇乾中队一直流传着这么一句话：“穷地方，苦地方，建功立业好地方。”对于中队所有人来说，守望就是财富，艰苦也是优势。山水之间，寒风之中，面对苦寂的环境，中队一边守护着北疆林海，一边也

学会了自强不息和宁静致远。

每名在中队工作过的队员都是过日子的一把好手，路边捡到的一段废铁丝、一颗螺丝钉都是队员们眼中的“至宝”。

司务长蹇江游说：“中队有各种修理人员，因为离城镇比较远，不能等别人来修，花钱也请不来，只能靠自己。”因为只能依靠自己，反而产生了一种特别的凝聚力。“中队的每一个人都在积极努力地让别人生活得更好。”王德朋说。

2003年以前，中队吃的是“补给饭”，喝的是“山泉水”，夏天萝卜土豆，冬天咸菜干粮。面对这一情况，中队党支部不把偏远艰苦作为中队发展进步的阻碍，不等不靠，主动作为，带领大家在艰苦条件下创业。

全体指战员用4年多时间对2米多厚的冻土层进行土壤改良，凭着手抬肩挑，磨秃60多把铁锹，造出了10亩良田、3座温室大棚和1个暖气调温菜窖，创造了在全年无霜期不足80天的恶劣环境中实现伙食供应自给自足的奇迹。

“菜窖丰富了我们的菜篮子，如果原始林区在夏季着火，菜窖可以作为前方的中转站，储藏200余人的给养。”王永刚说。

训练是森林消防队伍最基础、最重要的工作。在奇乾中队，训练实在不易。森林腹地没有场地，队员们就在永冻层上打出了水泥地面，平整出了队列训练场，在灌木、杂草丛生的山脚下开辟出了400平方米的障碍场、训练场、停机坪。

守护95万公顷原始森林

2018年，改革转制为国家综合性消防救援队伍后，面对新任务、新要求，中队的训练内容出现了变化，多了专业性训练和岗位训练，日常巡护中也增加了山岳救援演练。现在队员们要处理人民群众遇到的各种突发事件，去年，中队已经投入到民房火灾的扑救中。

“转制改革后，面对综合性应急救援任务，我突然有种恐慌感。只有加紧补课赶队，才能适应岗位需要，才对得起自己班长的职责。”中队四级消防士陈振林说，“有时候我们会组织一些救援模拟演练，从实战化的训练中巩固学到的新技能。”

正如大兴安岭支队政治委员康建有认为的，中队虽然条件艰苦，但指战员苦干不苦熬，苦中有作为，为保护国家生态安全作出了重大贡献。

中队的人都说，奇乾的魅力在于外面的人不愿意来，里面的人不愿意走。“来中队快4年了，初入大山的新鲜感过去后，确实有过那么一段难熬的孤独，感觉被文明社会抛弃了。但时间长了，适应了灭火和准备灭火的工作节奏，靠着不断提升自我、超越自我，冲淡了寂寞感，更何况有身边一起摸爬滚打、生死与共的兄弟队友，渐渐也不觉得有什么寂寞和孤独了。”中队四级消防士青伟说。“在心情低落或情绪不高的时候，我们去后山的战道上唱几首歌就好了。”中队预备消防士赵恩豹说。

见证了奇乾中队的发展历程，被队员们亲切地称为“老班长”的王海告诉记者，在奇乾中队，只要管好自己，做好本职工作，就能体现人生价值。

奇乾中队有一股神奇的力量，总能把接触过的人牢牢“吸”住。负责给中队送菜的当地居民王锡才，被队员们亲切地称为“王哥”。13年来，王锡才跑坏了4辆车，他却说只要中队不换人，他就一直送。柴瑞峰则一直帮助中队解决通信信号问题，“谁都想家啊，队员们坚守在这里，别的我也帮不上忙，只能为他们做这点事了”。

中队守护的原始林海属于雷击火重灾区。每次这片林海遇到火险，队员们都像猛虎一样与火魔肉搏，与死神较量。有一次，队员们在三天四夜没有给养的情况下，始终在火场坚守……奇乾乡的老百姓看在眼里，疼在心里，都说有奇乾中队在，他们放心。

巍巍兴安岭，热血“火焰蓝”。半个多世纪的守望，让大家深谙坚守和奉献的意义，一代代奇乾人传承着忠诚、坚守、创业、乐观的精神，这片林海也早已融入了他们的青春血脉。就像王永刚所说：“如果大家都不愿意来，那么谁来保护祖国北疆的生态安全呢？总得有人来守护，就让我们来吧！”

"火线创新者"逆火前行　为消防腾飞插上"科技翅膀"

——广西壮族自治区消防救援总队南宁支队特勤一中队　张章煌

他是一名"90后"消防员，逆火前行，救民于水火是他肩上的责任；他是清华大学、广西民族大学"双料"研究生，迎难而上，创新在火线是他心中的一份热爱。这位战斗在消防一线的最美"逆行者"就是广西南宁市消防支队特勤一中队代理中队长张章煌。

入伍8年来，张章煌先后参加灭火救援1156次，解救被困群众452人；参加消防安全保卫500多次，排除隐患险情326次；由他创新研发的危险化学品侦检操法，被编入应急管理部消防救援局《危险化学品处置应知应会手册》。他认为，新时代消防员就是要勇于改革、善于创新，成为灭火救援的强者、大型活动安保的胜者。

灭火救援在火线，改革创新在火线。张章煌坚持向科技创新要战斗力，积极探索新时代综合性应急救援发展新模式新路径。因改革而强，因创新而胜。张章煌成功研发9个作战和管理平台、19个智能信息化系统，创新19项技战术操法，改进65种器材装备。在他带领下，中队发明了紧急避险信号器等多种器材装备，形成科技创新百舸争流、千帆竞发的生动局面，成为广西消防“尖刀中队”，连续5年被总队评为先进。

2016年在清华大学深造时，张章煌发现，消防员一直依赖的指挥中心居然是“信息孤岛”，传统指挥模式缺乏信息采集、反馈手段，指挥中心难以实时掌握前方战况，难以适应新形势下大型活动安保的需要。于是张章煌向课题组提出“数字化消防车”概念，开展信息化建设与应用研究。

张章煌联合其他几名同学组成研发团队，设计出智能消防辅助决策系统，制作出模拟运用的宣传片，得到消防高层的高度评价。随后南宁市消防支队把这一系统投入实战。该系统成功融入安保技防体系，通过在车辆上安装GPS定位系统和各功能部位的信号采集器，在电子地图实时显示消防车的位置、状态、油料、水量、泡沫液量、随车器材等信息，为指挥决策提供强大数据支撑。

2018年9月，张章煌研发的智能化装备管理系统，推动实现了消防应急救援“一张图”，在第十五届中国–东盟博览会成功应用。指挥部通过智能消防辅助决策系统，精准指挥100辆消防车执勤备战，得到国家领导人高度赞扬。他改进粘贴式堵漏工具，有效提高了带压堵漏

能力；他设计水带铺设车，解决了长距离供水难题。2018年11月，张章煌凭借迎难而上的精神，从全国候选人中脱颖而出，光荣当选第四届“十大杰出消防卫士”。

火线创新，火线闪光。张章煌总结出的新型火场排烟战法，在战斗中得到成功检验。2017年9月，南宁市工信大厦四层电缆井起火，自动防排烟系统停电失效，20多名市民被浓烟包围。张章煌指挥战友破拆楼梯间玻璃，利用排烟车从正门处正压送风，快速将楼梯间内浓烟向上排出，成功开辟救援通道。在这场战斗中，他敏锐地觉察到，火势严重时消防电梯无法使用，会拖延救援时间。于是张章煌运用电动升降机和绳索从外部建立运输通道，为高层建筑火灾灭火物资保障插上了强有力的“科技翅膀”，破解了“一高一低一大一化”灭火救援又一难题。

在国际交流舞台上，张章煌大显身手。在东盟地区论坛第四次联合救灾演习上，广西消防总队主要负责危化品科目处置，张章煌入选集训队任侦检组组长，带领队友深入冷库、化工厂等场所开展训练，验证侦检方案的科学性和实战效能。最终在演习中，张章煌带领队友运用危险化学品侦检操法，确定泄漏物质最快、封堵泄漏点最多，圆满完成危化品事故处置演习任务，得到参演国高度赞扬。演习后，张章煌创新的危险化学品侦检操法，被编入应急管理部消防救援局《危险化学品处置应知应会手册》，填补了我国该领域的空白。2017年，张章煌将新操法应用于实践，成功处置南宁市“1·23”粗苯槽罐车泄漏事故，并积累了宝贵的实战经验。

不仅如此，张章煌设计的在横向破拆科目中应用的简易音视频生命探测仪，在2018年7月第二届东盟地区论坛城市应急救援研讨班上大放异彩，得到救援研讨班参演国一致认可。张章煌与美国、加纳、越南等国家及中国港澳台地区的同行共开展技术交流61次，赢得了国内外同行赞誉。

张章煌说：“创新不是为了创新而创新，而是真正在现实中遇到困难，为解决困难而创新实践。”他投身消防创新事业，为中国消防腾飞插上科技的翅膀。这是他心中的一份热爱，也是一份家国情怀。这份家国情怀让他一步步提高自己，将学识寓于实践，有效提升灾情处置能力，托起生命之舟，救民于水火之中。

在各大“战场”上，张章煌是智能化作战系统的创新强者。他不忘初心，砥砺奋进，为消防事业贡献出火红的青春，淬炼成对党忠诚、纪律严明、赴汤蹈火、竭诚为民的新时代消防卫士，树立了新时代综合性消防救援主力军、国家队的新形象。

故宫里有这样一支消防队

——北京市消防救援总队天安门支队故宫特勤中队

宏伟故宫，壮丽辉煌。故宫作为世界上现存规模最大、保存最完整的木质结构古建筑群之一，其头号威胁是火灾。

很多人都到过故宫，却不知道这里驻扎着一支消防队。“追溯这支队伍的历史要从1970年说起。”北京市消防总队天安门支队故宫特勤中队指导员蔡瑞介绍道。1970年，在周恩来总理的关怀下，故宫里有了一个消防排，负责防火工作。1975年，故宫中队建队。2016年，故宫中队更名为故宫特勤中队。40多年来，这支专业消防力量日复一日守

护着民族文化瑰宝和中外游客的安全。

顺势而为的智慧

在故宫里当消防队员，是怎样一种体验？

驻扎在东华门旁，背靠着文渊阁，当年纪昀编纂《钦定四库全书》所在的国史西馆是会议室，过去皇家养马的御马厩是消防车库，故宫特勤中队的队员们皆有着强烈的自豪感、使命感与责任感。

他们个个都是专业讲解员，熟悉故宫的历史。“站在城墙上往下看，只有中队驻地所在区域的屋顶用的是黑色琉璃瓦。按古人的说法，黑色代表水。文渊阁因存放《钦定四库全书》而建，书忌火，屋顶用黑色琉璃瓦，有‘以水克火’的意思。”入队7年的战斗一班副班长郑浩说，“熟悉故宫、了解故宫，也是我们热爱故宫的一种体现。”

他们还是最靠谱的向导，熟悉故宫里的每座宫殿与每条道路。“顺着这条路往前走就是东华门，是离您最近的出口。”遇到游客问询，消防队员王辉耐心地为其指路。故宫内有大小宫殿70多座、房屋9000余间，为确保发生紧急情况后能第一时间赶到现场，熟悉宫殿和道路，成了消防队员的必修课。从入队之日起，队员们便经常参加中队组织的故宫布局介绍和实地熟悉活动。

他们冬练三九、夏练三伏，却不盼着立战功。此话怎讲？“队员们愿为训练备战付出百分之百的努力，愿将精力投入到前期的防火行动中，却不愿看见故宫里有一个垃圾桶冒烟。”中队长刘海双解释道。

队员们平时训练备战确实刻苦。受条件限制，故宫特勤中队只有简易的训练场地和篮球场，新队员的训练第一课，几乎都是从跑圈开始的。每天6时，他们就要沿着宫墙跑3公里，然后还要进行负重爬台阶、折返跑、快速穿戴装备跑、携消防水带跑等训练。在故宫里，一些楼阁间距较小，消防车无法通行，利用小型车辆和绕小道快速携装备奔赴现场处置是实用的应对策略。

如果你想在这里看到“高精尖”的消防装备，恐怕也要失望了。打开消防车库的大门，里面停放的云梯车、水罐车、执勤车都是最普通不过的，有些甚至是被其他队伍淘汰的老款车型。刘海双说：“因为故宫里到处都是文物建筑，不能随意拆改，新款的大型消防车在这里根本放不下。”

多年来，故宫特勤中队的队员们主动适应故宫的环境和文物保护要求，在克服困难的同时坚守职责使命。

“新旧结合”的探索

“我们这次要巡检的是午门到太和殿的这片区域。”12月19日中午，郑浩拿起一份故宫消火栓点位图，带上“钥匙”“大闸”，和王辉开始了又一次巡检。目前，故宫共有167处消火栓，大小宫殿角落里共有4866个灭火器，这些都是巡检的重点。

在太和门广场上，他们用“钥匙”“大闸”开启了一处市政消火栓，进行现场出水测试，并在每日消防巡检巡查记录表上填写：市政消火栓经检查完整好用。此外，巡检内容还包括用电设备有无异味或异声、禁烟场所是否有人抽烟、垃圾桶是否存在隐患等。

该中队将故宫划分为10个区域，采取日巡、周检、月查的方式，对各个区域进行巡检巡查。其中，日巡分早中晚3次进行，一旦发现问题，消防队员会将问题记录在案，及时向中队报告协调解决。

住在故宫、热爱故宫、守护故宫，该中队的队员们结合实际，走出了一条新老方法相结合的消防工作路子。“加强和故宫内部相关单位的联勤联动非常重要。就拿三大殿来说，需要工作人员开门，我们才进得去。每年举行大规模消防演练，也需要故宫管理部门的配合。”蔡瑞说。除了为故宫“量身定制”消防管理措施外，该中队还联合故宫管理部门完善突发事件应急联动机制，与岗亭、警卫、安检口等重要点位联动，充分利用故宫里的火灾探测智能设备，确保一处有火情、多点齐响应。

在内金水河的一侧，记者看到冰面上有3个1平方米大小的冰窟窿。这是做什么用的？“故宫里一些古老的消防措施被中队传承下来了，最典型的要数‘春除草、夏注水、秋清叶、冬凿冰’。”天安门支队政治处主任黄大勇说。每年春秋两季，队员们会对各宫殿屋顶及院落的杂草、落叶进行清理；到了夏季，把未开放区域的所有防火缸逐个注满水，作为扑救初起火灾的“第一桶”水；到了冬季，则在冰冻的内金水河河面上每隔几米就凿个冰窟窿，每3日重新开凿防冻，确保危急时刻就近取水。

始终如一的坚守

如今，故宫特勤中队共有70多名消防队员。在做好故宫防火工作的同时，该中队还担负着天安门周边3.74平方公里范围内的防火灭火、反恐处突和应急救援任务，其中涉及天安门广场、人民大会堂、毛主席纪念堂、国家博物馆等65家消防安全重点单位。

这片责任田不好守。辖区内的重点单位个个名声在外，重大活动多、国内外游客多、国际影响力大，对故宫特勤中队而言，工作标准从来只有一个，那就是——力保万无一失，否则一失万无。在天安门广场和国家大剧院门口，该中队每天派出1辆消防车和8名消防队员，进行常态化执勤巡逻。队员们个个素质过硬、责任心强，仔细巡视每个角落，第一时间排查和消除风险隐患。在他们看来，消除隐患比打赢灭火救援硬仗更有成就感。

故宫特勤中队每年都承担大量的重大活动安保工作，队员们连续执勤成了常态，但他们没有抱怨，亦没有应付，始终坚持以最高标准完成每一项工作。截至目前，该中队已参加重大活动安保工作2万余次，均圆满完成、无一失误。凭借过硬的工作作风，该中队收获了很多荣誉：荣立集体一等功1次、二等功2次、三等功3次，受到各级表彰100余次……

蔡瑞说："成绩只属于过去，随着大应急时代的到来，身处首都核心区，在传承优良作风的同时，进行准确的自我定位和积极的实践探索，是故宫特勤中队下一步的重点工作。"

灭火尖刀英雄汉　川西林海守护神

——四川省森林消防总队凉山支队西昌大队

四川省森林消防总队凉山支队西昌大队组建于2002年11月。17年来，大队累计出动兵力11300余人次，成功扑救森林（草原）火灾150余起。

2019年3月31日，在扑救四川省凉山州木里县雅砻江镇森林火灾任务中，大队41名指战员为挽救国家森林资源、保卫附近村镇安全勇斗火魔。受风力风向突变影响，林火爆燃，27名指战员壮烈牺牲。

2018年11月9日，习近平总书记亲自为国家综合性消防救援队伍授旗并致训词。大队全体指战员通过收看转播、学习文件、阅读报纸，第一时间学习习近平总书记训词精神，牢记党和人民的殷切嘱托。烈士李灵宏牺牲前在当天的日记中写道:“脱下挚爱的军装，我们依然要做党和人民的忠诚卫士！”训词精神激励着大队指战员自觉以事业为重、以奋斗为荣。

2019年春节，凉山州面临严峻的森林防火形势，大队全体指战员主动放弃休假，坚守在防火一线。当时，四中队中队长张浩结婚还未满1年。3月2日，连续转战6个火场，半个月没有回家的张浩轮休刚到家就听说大队准备出动。他在未接到归队通知的情况下，匆匆告别妻子，主动返回岗位指挥作战。烈士幸更繁母亲长期患病，他原本计划春节前休假回家陪母亲去检查身体，但看到大队任务繁重，便和母亲商量等过了防火期再休假回家陪她看病，没想到这竟成了无法兑现的承诺。不计个人得失、甘于牺牲奉献已经成为大队一茬茬指战员崇尚的价值追求。

2018年6月，大队承担了山地地形下分队灭火战斗课目演示任务，为了更加贴近实战环境，全体指战员在林区一住就是30天，每天住帐篷、吃干粮、喝泉水，还要背着沉重的装备，经常人均负重30公斤，每日在近70度的陡坡上一练就是12个小时。功夫不负有心人。经过不断摸索总结，大队山地地形下分队灭火战斗经验做法在整个南方片区森林消防队伍推广。大队指战员深知森林火灾扑救危险系数极高，只有平时多流汗才能战时少流血，“群众性大练兵”在西昌大队已经成为常态性活动。日复一日、年复一年的艰苦奋斗使大队近年来人才辈出，高继垲烈士连续3年在上级组织的比武竞赛中名列前茅。在2018年凉山支队单兵军事技能比武前10名中，有6名队员来自西昌大队。

2008年5月12日，四川汶川发生震惊世界的大地震，西昌大队奉命第一时间开赴一线参加抗震救灾。大队指战员明白这是一场与时间赛跑的竞赛，他们毫不畏惧，钻进摇摇欲坠的水泥板下抢救幸存者，铁锹挖断了就用手刨，许多队员手指刨出了鲜血，有的被掉落的石块砸伤，流着鲜血坚守一线。黄金救援期的72小时，大队指战员三天三夜不眠不休，成功救出4名幸存者，转移安置群众7500余人。

2019年入春以来，凉山地区气候异常，火险等级居高不下，大队作为支队的“灭火尖刀”，没有缺席一个火场、没有一刻放松警惕，先后参与完成14起森林火灾扑救任务，每次都战斗在最艰巨、最危险、最紧要的地段，先后扑打火头10余处、火线20余公里，处理大小烟点270余处、倒木200余根，多次化解重大风险，在灭火决战中发挥了一锤定音的作用。

累计飞行航程达182199公里

——应急管理部森林消防局直升机支队

黑龙江省大庆市是一座以石油、石化为支柱产业的著名工业城市，素有“油城”的美誉。除了著名的大庆油田，这里还有一支我国专业的航空应急救援力量—— 应急管理部森林消防局直升机支队(以下简称直升机支队)。直升机支队担负着航空应急救援的“国家使命”，他们是应急救援的主力军和国家队，可在数小时内成建制地投入目标区域执行任务；他们召之即来、战则必胜，是维护社会公共安全、保护人民生命财产安全的重要力量；他们十年磨一剑，已成为集运输、护林、灭火、侦察、救援、联合作战于一体的空中劲旅，被纳入国家航空应急救援体系。

直升机支队自2009年组建以来，累计安全飞行14000多个小时，任务航程182199公里，消防员们始终保持严明的组织纪律，实现了安全飞行零事故。直升机支队先后在大兴安岭原始林区遂行春秋防期驻训、森林灭火、抢险救灾等100多次重要任务，多次受到上级的表彰。他们以时不我待、只争朝夕的工作状态，研训了10多项空中灭火战法，创新“四机跟进吊桶洒水”战法，填补了国内外航空消防空白；他们用430余小时测试完善新装备的50多项技战数据，解决了1700多个问题；他们用6个月编写了78部规范手册、6部法规。

苦练精飞，千锤百炼打造“空中雄鹰”

直升机支队政委陈刚向记者介绍，直升机支队共有编制470人，机关设司令部、政治处、场站、装备处，下辖2个飞行大队、1个机务大队等17个基层单位。直升机支队有指战员492人，直升机18架，车辆101台；设有飞行、机务、场站、装备四类共计22个专业，分布于领航、机械、场务、质控、气象、航卫等79个岗位；具备以直升机为平台的侦察巡护、图像传输、搜索营救、兵力(物资)投送、吊桶(水箱)灭火、伤员转移、医疗救护等能力，立足大庆和昆明两个基地，辐射全国，全天候遂行森林灭火、地震、山岳、水域和重大交通事故等航空应急救援任务。

面对东北林区独特的地势和气候导致森林火灾火势蔓延快、控制难的实际，直升机支队坚持以实战为牵引，一招一式打基础、练本领。在骨干力量弱、天气保障难的情况下，他们加班加点开展大风雪地条件下悬停起落航线飞行，锤炼复杂天气下的飞行技术，科学高效开展机降灭火、索(滑)降灭火、吊桶灭火、搜索营救、夜间飞行等专项训练。同时，在陌生地域、复杂气象条件下开展夜航训练，摸索总结林区不同气象条件下直升机空中性能和飞行特点、夜间自主保障方法。为了进一步提高直升机支队的应急救援能力，他们还组建了专业的索(滑)降小分队，开展实装索降、吊篮营救训练，安排人员学习急救知识。

谈及最难忘的一次灭火经历时，王兴坤向记者讲述了2012年的一次扑灭行动。2012年6月2日，大兴安岭松岭区南瓮河国家级自然保护区发生森林火灾。受领任务后，2架直升机20分钟紧急升空，4小时往返800余公里，机降11架次，空地结合历时11小时扑灭大火，开创短时间内妥善处置极大森林火灾的成功战例，最大限度地减小了森林资源损失。

甘为天梯，后方保障助力安全飞行

“直升机是我们所有人安全的载体。维护装备，让直升机始终处于良好的状态，是我们责无旁贷的工作。”机务大队大队长刘铁志说。飞行员结束了一天的飞行训练，一架架橘红色的战机停在停机坪上，战机周围忙碌着的是机务大队的机械师。“我们这行，一手托着生命，一手托着国家财产，决不能让飞机带着一丝隐患上天。”几年来，机务大队的机械师团队始终以高度警惕的状态进行维修检测。

就在2017年2月，机务大队一中队机械师苏庆刚在为直升机做1000小时定检时，感觉直升机尾桨的“手感”不对劲儿，存在异常卡滞。他果断叫停工作，并汇报情况。经过调查发现，原来是尾助力器操纵拉杆出现锈蚀，而这种锈蚀的后果极其严重，甚至会导致坠机发生。相关专家随即来到支队进行探讨，论证该问题系工厂设计缺陷，经过普查发现全国上百架同批次直升机基本都存在这一问题。原来，工厂在设计时没有考虑到，在寒冷地区，冷热交替过程中产生的水蒸气附着在操纵拉杆上会产生锈蚀。

直升机支队除了清一色的小伙子，还有一位女气象播报员—— 李思霖。李思霖是“90后”，大学毕业后就来到了直升机支队。5年的时间，她在资料总结留存上下了很多功夫。这些资料使直升机支队对驻地地区天气特点和本场附近局地小气候的把握更精准了。“我会根据当天的情况、季节特点进行分析，比如今年春季就是大风，雨沙天气较多，会影响飞行员的视野。”只要有时间，李思霖都会根据实际遇到的天气情况联系书本中的理论知识，不断加强对天气过程的理解和把握。为了让数据更加详细，李思霖和同事经常组织气象条件分析、气象资源共享和工作交流观摩等研讨活动，分析历年气象资料，预报未来变化趋势。

转型升级，锻造航空应急救援主力军

支队长孟凡中告诉记者，转制之后，直升机支队着眼建设发展，聚焦航空应急救援力量建设新使命，坚持“两手抓”的思路，一手抓森林防火灭火强能提质，一手抓综合救援补课赶队。副支队长王兴坤带队赴空军、陆航、大庆消防救援支队和蓝天救援队参观取经，组织飞行骨干开展空中突击力量编制、机制调研论证。同时，他们立足多样化任务的实战需要，积极开展机载4G图传系统论证试验，驾机穿越空中雷雨区和积冰区，为复杂气象条件下遂行应急救援任务打开了局面、积累了经验。他们边飞行边总结，编写了山区飞行、水域飞行、高原飞行、城市飞行等应急救援课目组训方法，前瞻性地开展野外吊篮救助、空中搜索营救、战地紧急救护等应急救援实战课目训练，不断打牢以防火灭火为中心、全面应对多种灾害事故的综合救援能力基础。

2019年1月，直升机支队与大庆消防救援支队首次开展地空协同冰上搜救演练，这是队伍转制后第一次开展航空应急救援任务演练。飞行指挥组在接到三名群众被困冰面的消息后，支队参谋长李海东立即驾机飞赴事发地进行低空搜索，运用机载4G图传系统将野外搜索画面实时传输给飞行指挥组，在确定事发地点后，大庆消防救援支队立即从地面向事发地开进，空地协同开展吊篮救援，大大缩短了营救时间。支队作训参谋姚磊说："运用直升机开展航空应急救援任务，能够克服很多地面救援的问题，能大大缩短救援时间。"2019年7月22日，空中突击救援大队入营列阵，与直升机协同开展水域救援，直升机支队初步具备了空地协同、立体救援的能力。同时他们还在云南开展高空适应性训练，不断提高高原应急救援能力。下一步，直升机支队还将组织探索高原飞行训练，进一步锤炼飞行员高原驾驶技能，检验直升机高原飞行适应能力，不断提高航空应急救援能力，扩展航空应急救援覆盖圈。

应急救援科研的“追梦人”

——甘肃省森林消防总队兰州大队一中队 党 军

个头不高，体型瘦削，眼睛炯炯有神，黑红的脸庞透着坚毅……谁能想到，这位貌不惊人的森林消防基层指战员竟是国家两项科研专利的研发人，也是不忘初心、立足岗位创新的“科研尖兵”“武教头”。他就是甘肃省森林消防总队兰州大队一中队中队长党军，一个名副其实的应急救援科研的“追梦人”、科技强能路上的“勇先锋”。

说干就干，自主研发地图编号查询系统

“平凡的岗位也可以追梦，敢于追梦的路上总会有意想不到的收获。”这是党军常说的一句话。

2017年初，党军带领中队备战总队军事比武。备战伊始，他发现识图用图科目成为很多参赛队员的“拦路虎”。如何让队员在1分钟内计算出

图幅编号，成为他要解决的问题。

说干就干，认准的事必须干成，这是党军一贯的工作作风。经过近千次推算，他找到了从5万到100万比例尺5种图幅编号计算公式，将复杂计算变成了简单的数字带入。最终，他们该科目比分远远高出其他参赛队伍，斩获单项第一。

“如何把图幅编号计算公式与手机结合编成简便实用的软件程序，并推广到全队伍，转化为战斗力？”党军又有了新想法。大家听后都以为他在开玩笑。经过调查，党军了解到这样一款软件从设计、编程到运营，需要至少十几人的专业团队才能完成。

“没有技术员，自己学着干，我必须用成功回应大家的质疑。”他自购专业书籍，边学习边钻研边实践，为解决页面之间数据传输问题熬到凌晨三四点成为常态。

经过2000多次尝试，他在2018年1月研创出了《地图编号查询系统》第一版本，这一版本虽然仅能够查询不同比例尺的地图编号，但初步实现了地图编号查询智能化，效率提高数百倍。“不怕做不到，就怕想不到”，这是党军第一次编程成功后的一点感悟。

在第一版本基础上，他广泛征求森林消防队伍参谋人员以及有关专家对该软件的意见，然后继续深入探索，又进行500多次试验，开创性增加获取站立点坐标、导航、指北针水平仪、国家92编图规则、火场信息研判和信息共享等功能，实现了系统软件功能的多样化。

党军用57000多个代码解决了队伍几十年以来都没有解决的地图编号查询难题，并获得国家专利。这款系统软件的推出，让有关专家都眼前一亮：这项成果填补了业内乃至全国在该领域的空白。

目前，这款系统软件已经免费应用到森林消防队伍、地方救援队以及部队等任务领域，在全国有用户近2000人，应用前景广阔。据网友尖兵反馈说："这款软件方便、快捷、高效，是一款为参谋人员和指挥员决策指挥量身打造的好助手。"

废寝忘食，设计革新无轴四旋翼多功能无人机

任务拓展到哪里，党军的研究视野就延伸到哪里。一次偶然的机会，党军了解到国内目前最高云梯消防车为101米。"如果更高的楼着火，那该怎么办呢？"这成为党军琢磨的一件事。

党军是无人机爱好者，他关注到当前无人机在消防救援中主要用于信息监测，而真正用于应急救援则未有先例。他一下有了新思路：设计一种救援无人机，也许就能解决101米之上的应急救援难题。

压力就是动力，挑战激发潜能。2018年10月，党军开始新的研究探索，他到处查资料，购买了10本专业书籍研读，就连吃饭和睡觉时也满脑子都是救援无人机。他发现现有多旋翼无人机均采用有轴蓄电式工作方式，存在续航时间短、载重能力弱、安全性差的问题，无法应对恶劣天气和完成长时间大型救援任务。如何解决这些难题，党军在研究中不断摸索解决办法。最终，他提出了无轴四旋翼多功能救援无人机的设想。

党军一点点摸索、一步步实验、一次次手绘救援无人机设计图纸，先后进行过800多次技术参数论证，设计废掉的图纸就有20多厘米厚。

功夫不负有心人，2018年12月，党军成功设计出无轴四旋翼多功能救援无人机图纸，并申请国家专利。

据党军介绍，这款无人机采取有线输电方式，采用无轴空气推进技术，工作时间和环境不受限制，适用高层救援、高空灭火、消防作业，目前设计救援高度达200米左右，未来一旦投入市场，将解决城市

高层应急救援和山岳搜救的瓶颈难题。

“梦想花开，那是最开心和最有成就感的时刻。通过自己的奋斗能为应急救援破解一个瓶颈问题，就是自己努力的价值所在。”党军自豪地说道。

淬火成钢，探索改进应急救援装备训法

党军曾3次被上级表彰为优秀“四会”教练员，是总队名列前茅的“武教头”。

专业来自敬业。队伍转制后，党军这个“武教头”面临了很多新挑战，带着应急救援训练这个新课题开启了他的新征程。

“我是中队长，我得先学一步，补齐短板，应急救援训练就是再硬的骨头也要啃下来！”

为学好新专业技能，党军给自己立下“铁规”：不找一个借口放松学习、不让一个问题一知半解、不把一个难题留到明天。他给自己制定“淬火计划”，加班加点潜心学习研究。经过两个月不懈努力，他从“门外汉”变成了“内行人”。

2018年10月，党军率先开始应急救援训练探索研究。由于装备暂未到位，开展训练困难，他自学金属切割焊接，自制了一套横向索绳架设支架和深井救援设备，自创的蹼式地钉提高了软土层锚点的稳定性和牵扯能力，软土抗拉力提高至少3倍以上。

2018年12月，他研究提出利用鸡爪结代替手持上升器、坐席悬垂绳结代替全身缚带，自制了一套上升下降装备，花了不到100元就解决了训练装备难题。

党军先后自主制作10多种简便实用的应急救援装备，创新训法10

余种，把专业训练开展得如火如荼。他所带的中队也成为总队转制后积极探索开展应急救援训练的第一支队伍，30多名指战员成长为应急救援骨干。党军还在总队2019年开训动员会上做经验交流，中队做法在全总队推广。

大队教导员闫正涛这样评价党军："这个中队长有股钻劲和狠劲，敢于创新尝试，千方百计挖掘战斗力增长点，是一名好教头。"

认可就是力量，追梦还在路上。党军说："作为一名基层指战员，一名普通党员，我的救援征程才刚刚起步，应急救援训练一直在路上，我将不忘初心、牢记使命，永远保持冲锋的姿态。"

追梦就在岗位，付出总有收获。任职7年来，党军在平凡的岗位上3次荣立三等功、3次被表彰为"优秀教练员"、4次被评为"优秀基层干部"，2018年底被总队评为"最美陇原森林消防卫士"。

英雄虽逝　精神永续

——浙江省消防救援总队湖州支队安吉中队　吕挺

2019年8月14日，在处置湖州市安吉县鹤鹿溪村西苕溪水域群众落水事件中，浙江省湖州市消防救援支队安吉大队安吉中队中队长吕挺，临危不惧、迎难而上，成功营救出1名落水群众，却在随后的救援中，被河水冲走，不幸英勇牺牲，年仅29岁。

吕挺牺牲后，应急管理部政治部批准吕挺同志为烈士，应急管理部消防救援局为吕挺同志追记个人一等功。

激流勇进，年轻生命永远定格

8月14日17时59分，湖州市消防救援支队安吉大队接到报警称，湖州市安吉县鹤鹿溪村西苕溪水域2名群众落水。吕挺立即带领16名指战员和2辆消防车，携带水域救援装备赶赴现场。

当日，由于安吉县上游老石坎水库水位超警戒线，正进行泄洪，导致河道内水流十分湍急。消防指战员到达现场发现，2名群众被困在长约87米河面滚水坝正中区域的漩涡中。作为指挥员的吕挺，迅速对现场情况进行研判，并作出救援部署。但就在他尝试用抛投救生圈的方式开展救援时，2名被困人员由于长时间承受水流冲击和暗流吸力，体力已经达到极限，身体逐渐沉至水面下，情况十分危急。吕挺立即改变救援方案，和队员余书辉两人迅速佩戴好个人救援装备下水，在激流中全力向落水人员靠近。

在湍急的河水和涌动的暗流中，吕挺一点一点地朝着被困人员游动。经过不懈地与水流搏击，他终于抓住了被困人员王朝瑜，但是急速的水流让他没有办法同时和王朝瑜共同脱离危险。此时，到场增援的安吉民安救援队队员驾驶冲锋艇勉强靠近他们。吕挺拼尽所有的力气，将王朝瑜托上了冲锋艇。

河岸边，负责警戒的安全员发现吕挺已经体力不支。但他仍未放弃对另一名被困群众王国章的搜救，再次一头扎进水中。“不行，再这样下去，队长会坚持不住的。”随着夜幕的降临，视线越来越差，吕挺被急流冲走失联。

8月16日9时9分，吕挺在距落水点约1.8公里的下游被发现，不幸壮烈牺牲。

实践担当，百姓心中的“守护神”

“不辜负党和人民的期望，不让工作在我手中延误，不让职能在我这里弱化，不让差错在我身上发生，不让违纪在我身上出现，不让党员形象因我而受影响。”这是吕挺在党员亮岗履职时的一段话。

他言出必行。

“只要出警，必有吕挺。”工作上，吕挺是公认的“拼命三郎”。

吕挺是消防指挥员，负责现场指挥，制订行动方案，下达作战命令，实施作战计划。但他深刻理解“时时会流血，天天有牺牲”这句话的含义，即便面临生死考验，也冲锋在前。

杭长高速百丈隧道内发生车辆追尾，引发三车着火，吕挺带领队员冒着浓烟逆行，成功营救被困群众。台风“利奇马”导致报福镇深溪村唯一外出道路被淹没，交通中断。吕挺和队员迎狂风、战激流，搭建横渡系统，把卫星电话和电力工人顺利送进村。在处置恒林椅业火灾、天荒坪海绵厂火灾等事故中，面对血与火、生与死的严峻考验，吕挺当仁不让，率先冲进浓烟滚滚的火场；在执行井空里、赤豆洋搜救驴友以及抗洪抢险等任务时，他不畏艰险，挺身而出。

生死一线的经历并非人人都有，但消防员的职业生涯总是危机四伏。曾经，吕挺距离死亡最近的一次，不到10厘米。安吉县城云鸿路上，一处民房着火，吕挺带着队员迅速赶到。浓烟滚滚，屋内能见度越来越低，吕挺没有丝毫的犹豫，冲入室内，加紧研判，制定方案。火势越来越猛烈，柱梁摇摇欲坠，危险悄然逼近。这时，一根断柱落下，直击吕挺头部，在这千钧一发之际，队员迅速推开他。最终，他“幸运地”只是伤了脚。

“警情就是命令，出警就是责任，必须全力以赴。”吕挺这么想，这么说，也是这么做的。

7年多来，他先后参加各类灭火救援战斗两千余次，参与处置“11·26”恒林椅业火灾、“8·10”报福镇深溪村洪水救助等多个重大救援行动，成功营救被困群众200余人次，先后3次受到嘉奖，2次被评为全省消防救援队伍“优秀警官”。在岗位上，他用实际行动践行了“对党忠诚、纪律严明、赴汤蹈火、竭诚为民”的铮铮誓言。

千锤百炼，工作中的“拼命三郎”

在战友们眼里，吕挺平时和和气气，但一到了训练场上，他就变成了“拼命三郎”，用辛勤的汗水浇灌出属于消防救援铁军的荣耀。

他不光对自己狠，消防技能水平一直保持在支队拔尖水准，对自己的队伍也是丝毫不“手软”。不论是朝阳初升的清晨、还是暮色沉沉的黄昏，不论是地面温度超过60摄氏度的三伏、还是冻得让人不想出门的三九，住在中队附近的居民，每天都能看到他带着队员们严格训练的身影。他常说，“消防救援，是团队作战，一根手指强没有用，只有整个队伍攥成一个拳头，才能攻坚克难”。2017年，安吉消防中队被总队抽中参加全省岗位练兵大比武。在一个星期的集训中，他带领队员从早上到晚上一遍又一遍地磨合，身上的战斗服湿了干、干了又湿，但只要配合上有一点瑕疵，就必须进行整改，直到完美无缺。最终，在全省消防救援队伍比武竞赛中，他带领队员拿到了所有项目的全优，被省消防救援总队评为“优秀战斗班组”。

2018年，队伍改革转制以后，吕挺又主动承担起湖州消防支队山岳、水域救援队建设试点工作。这对于刚刚转型的队伍来讲，是一个

全新的课题。万事开头难，为了能加快推动山岳救援队伍建设，他连续半个月加班到深夜，阅读相关书籍，筹划

训练科目，确定参训人员。特别是在确定器材装备清单时，他一个类目一个类目地过，一件装备一件装备地研究，对不适合安吉救援实际的器材装备就立即替换。他说："装备是我们手中的武器，特别是在专业在救援任务中，必须把装备配备好、配备足，才能最大限度地确保救援的成功。"当前，山岳救援队的建设已经步入正轨，但吕挺却已看不到它正式成立的那一刻。

大爱无疆，爱心接力棒默默传递

吕挺的牺牲，最悲伤最难熬的自然是他的父母。在办理吕挺后事期间，吕世军、吕桂玉夫妇意外发现吕挺生前一直在默默结对帮扶一名困难学生。他们决心接过儿子的爱心接力棒，将爱心延续下去。

"那时眼看就要开学了，困难学生的学费有没有着落？"吕世军、吕桂玉夫妇十分牵挂。2019年8月25日，吕世军联系媒体，希望通过媒体帮忙寻找那位困难学生。经过连续数日的寻找，8月28日，终于找到了吕挺生前结对帮扶的困难学生小艳。得知吕挺的父母想要接过儿子的爱心接力棒，继续资助自己上学，小艳感动不已，和妈妈商量后决定中秋期间赶往东阳市看望英雄父母。

吕挺走后，社会各界爱心人士纷纷以不同的方式表达对吕挺父母的关怀和慰问。吕挺父亲吕世军表示，他和吕挺妈妈收获了满满的爱，他们也将代表吕挺将爱心延续，将爱传递给更多的人。

安城平安，战友守护传承“夙愿”

在吕挺烈士刚离开的一周里，在安吉消防中队的车库后排，消防员的衣服装备整齐地摆放着。唯有“二车指挥员吕挺”的位置一直空着。

在吕挺的工位上，他的笔记本电脑还开着，网页停留在采购冲锋舟马达的页面。办公桌上放着几份水域救援装备材料，还留有吕挺的字迹。手机安静地躺在桌上，有无数条未读消息还在呼唤它的主人。

在寝室，吕挺的床位上，一床褥子、一顶帽子、一根腰带，摆得工工整整，但是再也等不回它们的主人了。

悲痛、感伤、遗憾……吕挺所在的安吉消防中队的队员们沉痛不已，和吕挺一起工作、生活的点点滴滴闪现在脑海、萦绕在心头。可是他们还来不及悲伤，急促的警铃便又一次把他们带到了火场。这些年轻的队员噙着眼泪，整理着装，登上消防车，他们多么希望出警回来，还能看到队长那张腼腆的笑脸。

前两三天，在一次念到“吕挺”的名字时，空气在一瞬间凝固了——短短的一瞬间，万般复杂情绪如鲠在喉，过去的日常，如今指向永远的失去——一瞬间后，所有人齐声替吕挺喊了一声：“到！”

8月19日，吕挺烈士的追悼会在安吉殡仪馆举行。在将烈士骨灰送往东阳烈士陵园的公路上，安吉县、东阳市近30万群众自发聚集到路边，为英雄送行。英雄吕挺走了，但他的精神永在。曾经并肩的战友们，用呐喊和行动继续传承吕挺守护绿水青山的初心使命。

20年参与灭火救援战斗4200余起

——安徽省消防救援总队合肥支队　陈三喜

他是一名普普通通的消防员，也是一位救援现场的“大高手”，在20年的消防救援工作中，用始终如一的坚守让消防救援事业格外引人注目。他就是安徽省消防救援总队合肥市支队的陈三喜。

救援二十年，荣誉等身高

为什么陈三喜可以代表全国近十万名消防员？答案就在塞满陈三

喜书桌的35个荣誉证书里。

入伍至今，陈三喜先后荣立二等功2次、三等功5次，获全国特级优秀人民警察、公安现役部队优秀人才一等奖、“中国网事·感动2018”年度网络人物、全国消防部队优秀共产党员、岗位练兵技术能手、优秀士官、安徽好人、安徽省青年文明号先进个人、合肥市道德模范、合肥青年五四奖章、合肥十大新闻人物，安徽省消防部队优秀班长标兵、十佳消防卫士、十佳士官标兵等荣誉。

坚守所获，绝非侥幸

1999年，陈三喜走出大山，走进红门，成为一名光荣的消防员。怀揣服务人民、建功立业的梦想，陈三喜刻苦训练，锤炼本领，很快成为单位的训练尖兵。尖兵的成长都非常相似，除了天赋，更多的是靠平时一天一天练出来的、熬出来的！

2002年，安徽省消防总队举行执勤岗位大比武，陈三喜和其他4名指战员一起代表合肥市支队参赛。不幸的是，离比赛不到20天的时候，陈三喜左脚肌腱拉伤，脚肿得老高。

为了不影响支队的整体荣誉，陈三喜咬牙，吃止疼药继续训，打封闭继续比，硬是拖着一条残腿参赛，取得了个人总分第三名的成绩。在冲过最后一个项目终点后，陈三喜一头栽倒在地，不省人事，被送往医院急救。当陈三喜从昏迷中醒来的时候，支队参谋长一把抱着他，喊道：“三喜，我就知道你跑不死！”

“跑不死”，这种意志已经根植在陈三喜的血脉之中。20年来，训练对陈三喜而言，就如同喝水、吃饭一样，已经深入骨髓，成为本能。

环顾身边，当年一起比武、同台竞技的战友，有的回家团圆，有的下海经商，唯有陈三喜，始终坚守在红门，奋战在训练场上，年届不惑依然和年轻的战友同台竞技。此时的陈三喜，早已是满身伤痕，最长的一道伤口就是在训练时留下的，先后缝了16针。2016年10月，陈三喜第15次参加支队年终业务对抗赛，37岁的他再次夺得个人总分第2名，创下了安徽消防的“最老纪录”。

面对着荣誉和奖励，陈三喜没有居功自傲，依然时刻以普通士兵严格要求自己。虽然早已荣誉满身，但是任何时候，只要组织和人民需要，陈三喜必定铁心跟党，冲锋在前。

一种精神一份传承，战斗赓续红色血脉

走进安徽总队的营区，就能看到四块浮雕，以陈三喜为原型的指战员头像栩栩如生，守卫着“对党忠诚、纪律严明、赴汤蹈火、竭诚为民”16个大字。

画表其意，字如其人。

陈三喜距离死亡最近的一次，只有20厘米。2000年10月，合肥市四河新村发生燃气泄漏大爆炸，造成重大人员伤亡，多人被困。还是新兵的他，得知爆炸点周边仍有幸存者，冒着二次爆炸和房屋坍塌的危险，深入现场搜救。就在他紧张救援的时候，距他仅仅20厘米的楼体突然坍落，和“死神”的英勇擦肩换来了被困群众的成功救出。

愈磨砺，愈强悍。面对随时会爆炸的“火药桶”，他没有丝毫犹豫和退缩。2012年12月28日，亚洲最大的氯化苯生产企业——蚌埠市八一化工厂突发大火。接到上级的增援命令后，陈三喜和战友火速集结，星夜驰援，以最短的时间到场增援。

“我抱起水枪直插到2号蒸馏塔底部。这里火势最大、温度最高，

距离水枪阵地只有2米多远。外面雨雪交加，温度很低，我却全身滚烫，钻心的疼。”陈三喜回忆说，他一边灭火，一边让战友朝他射水降温，冰冷的水打在身上，腾起的水雾使面罩模糊不清。突然，前方管道炸裂，气浪把他掀翻在地。他蹲在地上，狠狠吸了几口气，稍微缓过劲来，又冲了上去……

“当时我的心中只有一个信念，顶住，死也要顶住！”陈三喜说。灭火战斗服的耐火极限是260摄氏度、5分钟，在冲天烈焰的烘烤下，每分每秒都那么漫长、那么煎熬。在一天一夜的扑救中，最长的一次抵近作战持续近3个小时，火势终于被成功压制。

从火场撤下来的时候，陈三喜感觉全身散了架，胸口和颈部的皮肤血红一片，工厂的技术人员告诉他，这是氯化苯中毒，严重的话会损害中枢神经，导致肾脏衰竭。经过清洗和消毒处理，陈三喜一个月后才完全康复。

4200余起灭火救援战斗，1000余人获救，陈三喜用20年的生死救援，镌刻出独特的精神标识，立起了新时代消防人的好样子。

一种声音一份使命，牢记嘱托成为时代楷模

2017年6月，合肥市支队打破常规，试行士官任政府专职队队长制度。经过层层考核，陈三喜最终当选为万年埠中队政治指导员。

作为第一个也是当时唯一的试点中队主官，陈三喜肩负着逢山开路、遇水架桥的重大使命。上任后，为了胜任岗位，陈三喜挤出一切时间学习。仅仅半年，陈三喜写下的队伍管理心得、政治工作笔记就超过了3万字。为了提升战斗力，陈三喜开设了“喜讲堂”，摸索出“三喜三步法”，让零技术的消防员快速掌握了灭火救援技巧。

2018年3月，消防部队体制改革启动了。家里人说部队不养老、不养小，都快40岁了，什么荣誉都有了，干不动了怎么办，不如趁着改革回来吧。老家的一个企业就曾以高薪为条件，邀请陈三喜担任安保主管，被他婉拒了。

他掰着手指说：“无论压力有多大、困难有多少，只要凭良心干工作，心里就踏实。”因为，“面向党旗庄重地举起了右拳，就不能轻轻地放下”！

为了带好队伍，陈三喜时时处处发挥表率作用，从起床叠被到参训组训，要求队员做到的自己首先做到，要求队员不做的自己坚决不做。在陈三喜的影响和带动下，部队改制期间，所有队员没有一个人说怪话、发牢骚，更没有一个人撂挑子、讲条件，始终做到了无论体制怎么变，铁心跟党的赤胆忠诚绝对不变；无论隶属怎么变，矢志为

民的根本宗旨绝对不变；无论岗位怎么变，事业如山的初心使命绝对不变；无论身份怎么变，服从命令的军人天职绝对不变；无论服装怎么变，逆火前行的战斗精神绝对不变；无论称谓怎么变，出生入死的战友情谊绝对不变。

此时，万年埠中队早已成为合肥消防的“品牌”，先后多次迎接上级领导视察和兄弟单位的参观学习，成了改革试点的成功典范。

由于在万年埠中队表现突出、业绩斐然，目前陈三喜被调到被誉为合肥市消防救援队伍“拳头”和“尖刀”的特勤一中队，在新时代、新体制下，立足新岗位，开启了新征程……

20年寒来暑往，20年匆匆一瞬，20年献身消防。初心不忘，未来可期，陈三喜和队友们将和每一辆消防车、每一支水枪、每一颗螺丝钉在一起，用鲜血和生命捍卫祖国平安、人民安宁。

1.2万余次救援验证着忠诚和必胜

——河南省消防救援总队郑州支队　李　隆

河南省消防救援总队郑州市支队参谋长李隆，工作24年来，长期战斗在灭火和抢险救援一线，参加和指挥各类救援1.2万余次，营救遇险群众3500余人，先后荣立个人一等功1次、二等功1次、三等功4次。

艰巨的应急任务和特殊的战斗使命，要求消防救援指战员必须具有强烈的政治意识、大局意识、核心意识、看齐意识，做到绝对忠诚、绝对纯洁、绝对可靠。面对无数次生与死、血与火的严峻考验，李隆用血肉之躯筑起了坚实屏障，以实际行动展示了消防卫士“刀山敢上，火海敢闯，召之即来，战之必胜”的精神风貌。

2008年5月12日，四川汶川特大地震发生后，李隆带领33名特勤攻坚队员奔赴抗震一线，在余震不断、救援环境极其恶劣的情况下，冒着生命危险，成功抢救出分别被埋压48小时、104小时和124小时的何春桃、李青松、卞刚芬，创造了一个又一个生命奇迹。“刀，刀，刀，我要切菜用的刀！”这是抗震救援现场，李隆冒着余震、深入坍塌楼房内部、连续奋战10多个小时在废墟下发出的急促呼喊，这个镜头成为亿万群众的永恒记忆，“菜刀哥”的雅号广为流传。

李隆从烈焰火海、毒气泄漏、惨烈车祸、建筑坍塌等救援现场一路拼杀出来，抗震救灾是浓墨重彩的一笔，但绝不是最后一次深入险境。2010年2月28日，一辆满载乘客的客车坠入郑州尖岗水库，李隆带领官兵顶风冒雪救援，连续战斗50多个小时，救出被困群众26人。2016年12月18日，郑州市新世界百货商场突发大火，特勤大队临危受命，李隆准确判断火场态势，科学部署进攻力量，冒着浓重毒烟、高温炙烤和楼梯坍塌的危险，完成了墙体破拆、搜救掩护、火场供水等急难险重任务，在最短的时间内控制了火势蔓延，成功疏散营救被困群众百余人。

18岁那年，李隆一到消防部队服役就立志要干出一番成绩。新兵训练一结束，他就主动要求分到管理最严、训练最苦、任务最重、危险性最大的特勤中队，并很快成为中坚力量。他紧贴实战，坚持高标准、严要求，将大纲规定的必训科目练精练强，选训科目练全练实，未要求科目创新拓展，围绕提升攻坚打赢能力，探索出水上救生、高空救助、危化处置、快速破拆等20种特勤操法，自主研发10余种灭火救援特殊装备，实现了人与装备的最佳结合。

2018年，郑州市支队代表省总队参加全国冬训考核，获得第二名的优异成绩。针对省会郑州灾害事故特点，以提升供高、供远、全地域应急通信能力为抓手，李隆组建了8个灭火救援专业队、18个应急通信保障队和3个远程供水中队，创新编制11项高层建筑实战操法，自主研发10余种灭火救援特殊装备，队伍攻坚打赢能力持续提升。

任支队参谋长后，李隆认真贯彻落实各项党纪党规，严格执行党风廉政建设各项制度要求，时刻自律自省，下基层调研指导工作，从严执行工作和生活待遇等制度要求。他坚持秉公用权，树立“靠素质立身，靠实绩进步”的鲜明导向，受到各级指战员的肯定。

20多年来，李隆组织开展消防宣讲、无偿献血、志愿服务等爱民助民活动1560余次，捐款捐物价值25万余元。他数十年如一日坚持爱民为民做好事、照顾智障青年李鑫、连续13年资助家庭特困儿童杨雅婷等感人事迹，在驻地传为美谈。

红军后代取名为“兵”
他要跟党走 当好兵

——云南省森林消防总队丽江支队古城中队 杨 兵

“快点！再快点！马上到终点了……”7月丽江的天气，要么疾风骤雨，要么烈日当空。训练场上，“火焰蓝”尖子兵比武集训如火如荼地开展，担负教学骨干的杨兵在负重5公里越野的终点，手拿秒表给

集训队员掐着时间。杨兵来自四川省宝兴县，1993年9月出生，2011年12月入伍，现任云南省森林消防总队丽江市支队古城中队一班班长，中共党员，三级消防士。

杨兵家住夹金山下，这是红军长征翻越的第一座大雪山，他的阿祖（曾祖父）牟绍清是一名红军班长。1951年，阿祖在一次武装清匪战斗中中弹负伤，不治身亡成为烈士。牺牲前，阿祖对家人说，跟着红军走，他从没后悔过。杨兵出生后，家人将其汉族名取作“兵”，想让他像阿祖一样跟党走、当好兵。

18岁那年，杨兵秉承祖辈殷切期望前往云南参军入伍、寻根军旅。然而，一直生活在藏语语境里的他刚到新兵连就遇到了语言障碍。“点名听不懂领导在讲什么，训练听不清口令，做动作总是慢半拍”，杨兵这样描述新兵连时自己的窘境。

面对困难，他沮丧流过泪，不过，倔强的他从不言弃，他从识字读报开始，买的《新华字典》被翻烂，一张报纸被他读了一遍又一遍直到字迹模糊。最终杨兵当选为原武警森林部队第三届党代会代表。

然而，他蜕变为训练尖子前经历的“魔鬼式”训练是常人难以想象的。刚选入总队尖子兵集训队时，他属于垫底水平，但他不抛弃不放弃，“每天背23公斤背囊，进行3趟负重12公里跑，扛圆木扛到汗水浸湿外衣才回去休息”，最终杨兵在比武时获得个人综合成绩第三名并立功。

杨兵是公认的技术能手。为了掌握新配发的消防车操作要领，并将其尽快转化为战斗力，他连续5天钻进车里琢磨，最终不仅熟悉了装备性能，还琢磨研究出了“泵车结合，以水灭火”战法。

2014年3月，古城区红水塘村发生森林火灾，在无法直接扑打的情况下，杨兵带消防车抵近火场，熟练使用创新战法，成功阻隔了山

火向相邻的国家重点林区景区玉龙雪山方向蔓延。

在战友们看来，杨兵是一名血性阳刚又和蔼可亲的好班长。他乐于助人，先后在抢险救援和维稳任务中转移救助群众上百人。“平时干活抢着上，好处却经常让给别人，上山灭火时他总会将自己的干粮给养分给别人。”消防员王杰这样形容杨兵。

杨兵曾两次在紧要关头救助战友。在古城区七河镇的一次灭火作战中，由于风向突变，林火迅速蔓延，中队紧急撤离避险，新兵小曾不见身影，他立马原路返回寻找，发现体力不支的小曾由于没有上过火场，紧张地杵在原地不知所措，大火紧跟在身后袭来。杨兵一个箭步向前抱住他，顺势将他背上的水袋摔在地上，一起滚进火烧迹地脱离了险境，杨兵脸上却从此留下了2道被火焰灼伤的疤痕。

2017年1月，玉龙县石头乡发生森林火灾，火借风势迅猛发展，严重威胁山下利苴村近百户人家和2个变电站安全。危急时刻，杨兵主动请缨，带领党员突击队用油锯、砍刀开设隔离带。他撸起袖子大声喊道："我们就是用手刨也要刨出一条路来，坚决把火挡住！"最终，成功开设出一条长500米、宽3米的防火隔离带，为部队依托隔离带阻击大火立了头功。"休整时，我看到杨兵双手到处都是伤痕，但他说没什么大不了的，忙着组织检修机具，准备转战另一条火线。"副班长陈刚如是说。

6天5夜的灭火作战中，杨兵面受炙烤，背受冰寒。面对熊熊火焰，他和另一名灭火机手配合，一人降温，一人切割火线，部队艰难跟进扑打。行动结束后，杨兵在火烧迹地边困得睡着了，大家都不忍去打扰他，只想让他多睡会。

2019年5月下旬以来，丽江市旱情严重，杨兵3次带着班组和消防水车，前往古城区文化街道办事处、金安镇等地农户家中和田间地头抗旱救灾，缓解了人畜饮水困难、苗木枯萎之急。到一名五保户家中送水时，一位80多岁的老奶奶望着杨兵，露出赞许的笑容。"能这么零距离地竭诚为民，这就是价值所在，也是一种幸福。"杨兵这么觉得。

为灾区洗消33.08万平方米

——中国赴莫桑比克国际救援队

2019年3月15日凌晨，非洲东南部遭受热带气旋“伊代”袭击，暴风、强降雨引发了严重的洪涝灾害、山体滑坡和库坝决堤，给莫桑比克造成重大人员伤亡和财产损失。灾害发生后，应急管理部迅速组建并派出中国救援队于3月24日赴莫桑比克开展国际救援。这是党和国家机构改革、新的应急管理体系建立后，我国第一次派出国际救援队伍。

不畏艰险，科学施救

中国救援队由来自应急管理部和中国地震局机关、北京市消防总队、应急总医院、中国地震应急搜救中心以及新闻媒体人员共65人组成。接到党中央国务院指令后，应急管理部立即启动国际救援响应机制，组织中国救援队携带救援装备和后勤保障物资共约20吨，于3月24日乘民航包机飞行1.2万公里，抵达莫桑比克首都马普托，后转飞贝拉市，开展为期12天的国际救援行动。

救援队在赶赴莫桑比克的航班上召开高空会议，预先开展行动动员、制定预案、研究部署、协调联络等各项救援准备工作。针对复杂、严峻、多变的灾情社情，救援队多渠道收集信息，并派出侦查分队，加强研判，多次调整行动方向和重点。救援队向当地灾民普及个人卫生常识，提高灾区防疫意识，落实现场防疫保护责任，严格执行行动后二次消杀防范。

按照莫方请求，共对12个灾民点进行实地勘察和评估，有针对性地开展医疗诊治、防疫消杀、人员搜救、物资运送、勘察评估、物品捐赠等工作。通过水路艰辛深入布滋“孤岛”转运伤员、运输物资，长途驱车抵达高风险灾区拉梅古施救，在拉夫特安置点连续5天的工作大大改善了医疗和防疫状况。

纪律严明，敢打胜仗

在此次行动中，临时党支部始终高度重视思想政治工作，在灾区共召开临时党支部工作会议13次。从准备出发伊始，全体队员就认识到自身肩负着重大的政治、外交责任，要从高、从严要求自己，认真践行职责使命。救援队要求“谁带队谁负责”，确保队伍安全，维护队伍形象。严格出入营地管理，禁止擅自行动。落实队伍行动期间信息报告制度。要求全体队员维护国家、队伍形象，严格遵守新闻报道、照片等回传、发布要求。

针对救援行动影响广、任务重、疫情压力大、风险高、条件艰苦等情况，制定行动纪律、灾区防疫、外事协调、新闻宣传、营地管理、安全保密、志愿者管理等10余项制度67条要求，大家严格贯彻执行，展现了新时代中国应急人本色。面对灾情严重、疫情蔓延、高温酷暑等复杂情况和困难，临时党支部激励队伍发扬高度负责、勇挑重担、冲锋在前、不畏艰辛的共产党人精神，使大家始终保持良好的精神面貌和高昂斗志。

不负重托，圆满完成救援任务

中国救援队派出行动队25队次，治疗3337人，为当地几千名灾民发放急需药品2900份、饮用水2320升、食品7800份，洗消33.08万平方米，转运伤员6名。向莫桑比克卫生部和贝拉市相关政府部门捐赠帐篷21顶、冲锋舟5艘以及搜救、防护装备、药品、医疗器械等总价值500余万元的物资。此次救援行动及时高效，圆满完成了各项任务，传递了中华民族“一方有难、八方支援”的大爱情怀，赢得了莫桑比克政府和人民的高度称赞。中国救援队作为唯一的国际救援队伍得到莫桑比克总统的接见，受到国际社会高度关注和充分肯定，巩固和加深了中非传统友谊，提升了中国国际影响力。

无人机助力消防救援
智慧应急插上科技飞翼

——中国消防救援学院无人机遥感侦测分队

盛夏，北京昌平，西峰山某高地一处植被突发火情，现场浓烟弥漫、热浪灼人。

眼见火势随时蔓延失控，飞控组操控一架X6L六旋翼无人机，搭载可见光及热红外双光载荷，飞赴现场侦察火情火势。

此时，地面站屏幕上，约2公里外的火灾现场近在眼前。工作人员点击视频影像测量工具，获取了火场中心坐标、火线长度和火场面积等翔实信息。

依据实时回传的火场地理信息数据，数据组针对灾害区域规划航线。只见F1000固定翼无人机盘旋升至目标高度后，开始调整最佳姿态进入预设航线，开展智能自主航测。救援指挥部依据高清航拍影像图，很快绘制出救援行动决心图，装备选择、兵力部署、行进路线规划等一目了然。

这是中国消防救援学院无人机遥感侦测分队开展森林消防演练的一个场景。演练中，无人机如“空中幽灵”，为救援指挥决策提供了实时、可靠、高质的信息支撑。

消防救援，争分夺秒。然而，曾几何时，传统灾情探测响应速度慢、受环境影响大、成本高、安全度低，救援决策困难重重。

无人机灵活机动、“独具慧眼”，不受拍摄环境和地域限制，可以发挥“顺风耳”“千里眼”作用，同时无人机能够搭载不同载荷，具备满足多样化任务需求的能力。作为这支分队的设计师，学院政委徐宝东看中的正是无人机的应急潜质，“在救援行动中，无人机变身‘空中智能机器人’，将为智慧应急插上科技‘羽翼’”。

走近学院西峰山飞行训练基地，在占地近700平方米的无人机机库，24台套涵盖近、中、远程，固定翼、多旋翼和油、电动力的众多机型成排分布，颇具阵势，既有引领前沿技术、实现自主飞行的“新款”倾转垂直起降固定翼，也有参加多次救援行动立下战功的“功勋机”。分队和这些整装待飞的无人机朝夕相伴，早已心神相牵。

纪任鑫是飞行器控制与信息工程专业教学组组长，也是这支分队的队长。在他的眼中，随着无人机、人工智能、大数据技术的快速交叉融合发展，随着队伍使命任务由单一灾种向“全灾种、大应急”职能任务拓展，无人机在未来应急救援应用中将担当大任。

据纪队长介绍，分队围绕无人机搭载喊话器远程指挥调度救援队伍、定点投送风力灭火器加油器实现油料供给、抛投药品和水等实现物资调度等多个科目，已开展前瞻性研究训练，完全具备泥石流、洪水等自然灾害救援实战能力。

消防救援，不分时间和区域，分队训练没有淡季旺季之别。从酷暑到寒冬，飞控组队员陈军鹏已经记不清多少次操控各型无人机，在这条长230米、宽12米的跑道上飞向蓝天，模拟各种环境反复开展无人机飞控训练、战法演练，只为锻造无人机快速反应、协同作战的技战法。

机库里一张图文并茂的蓝底图板，以时间为节点，记载着这支分队6年间遂行10余次国内外重大应急救援实战及演训任务的历程。

2014年8月3日，分队携带2架无人机空降鲁甸灾区，在国内应急救援“首秀”中交出漂亮成绩单：4.5小时完成重灾区10平方公里航拍作业，3天时间绘就震区地质灾害排查评估图，使用快速三维建模技术实现地质灾害信息三维可视化。灾区情况一下子变得透明，抗震救灾指挥部对分队连连“点赞”。

此役，拉开了分队遂行应急救援任务的序幕。“4·25”尼泊尔地震中尼公路抢通救援、国内抗洪抢险重大演训……分队遂行任务地域从平原山区延伸至沙漠戈壁、雪域高原，任务类型涉及抢险救援、反恐演训和边境侦测，任务内容由灾害评估向指挥调度、救援行动、救援保障扩展。

小身型、大身手。分队完成实战飞行391架次，侦测面积达2320平方公里，获取高清航拍照片35303张，有效视频回传录像3328分钟，输出正射影像成果160幅，三维建模成果34幅。

小分队，大作为。分队实现了我国第一次固定翼无人机遂行5000米海拔以上高原地震救援任务，完成了第一次无人机跨国抢险救援任务，输出了我国第一幅西藏樟木口岸至尼泊尔首都加德满都地震后公路高清正射影像图，填补了我国乃至世界空白。

显赫战功，没有让分队裹足不前。他们围绕无人机遥感侦测，走产、学、研、用一体化路子，集智打造智慧应急创新“引擎”。

——他们成为科技部国家遥感中心“应急救援部”，参与共建“无人机系统综合验证场与飞控师培训基地”，共享成员单位科研资源，共谋覆盖全国的无人机遥感网。

——他们联合北京大学、方正国际、新兴际华等“精兵强将”，研制集成远程运输保障、数据快速采集、数据快速处理、多源数据融合、数据远程回传共五大功能模块的高机动无人机应急侦测平台，在地区

演习、抢险救援实战中成功应用。

——他们参与“高频次迅捷无人航空器区域组网遥感观测技术”课题研究，应邀参加无人机系统标准发展与应用国际论坛、北京2019年全国安全宣传咨询日暨应急科技装备展、无人机大会暨展览会开幕论坛，打造应急救援领域应用的科研创新高地。

“学院是我国第一所专门的消防救援本科院校，是应急管理部直属的唯一‘国字号’高等院校，首批开设的飞行器控制与信息工程专业，是国内唯一实现教、学、研一体化的专业，将面向国家综合性消防救援队伍培养航空+测绘+实战应用型人才。”学院闫胜利院长对未来智慧应急人才矩阵培养有着清晰定位和十足信心。

这份信心，来源于智力高地。分队集结着10余名来自北京大学、中国矿业大学、北京理工大学等知名学府的地理信息、遥感、测绘等多个对口专业的硕博高才生，所有队员均考取了民用无人机驾驶员飞行执照，将全力担起无人机应急救援的重任。

这份信心，来源于使命担当。在新时代消防救援事业中，分队将继续锻造强大的空中“千里眼”，提升应急救援新质战斗力，持续打造一支集监测预警、灾情侦查、行动处置和救援保障等职能于一体的应急救援空中精锐。

多抢救几亩森林 冒直升机极限风速也要“向火而飞”

——应急管理部南方航空护林总站保山站 段金刚

见到段金刚，是在应急管理部南方航空护林总站保山站办公室。初次见面，段金刚的精神状态很好，但头发已花白稀疏。见到我们，他微微一笑：“你们来了，欢迎。”

采访中，他不时把身子微微向前倾，有些问题，我们重复几遍他才听明白。后来，我们才知道，由于长期高空作业，受飞机巨大的噪声和气压影响，他的听力有些受损。

耳鸣、脱发都是他这个职业的“特质”。

段金刚是应急管理部南方航空护林站保山站特级飞行观察员，1991年就从事飞行观察员工作，是当时保山站第一名观察员。这个职业需要具备的素质和条件都非常高，当年和他一起被选调的2名同事，都因在前期培训中未能达标而遗憾退出。

在滇西高原从事航空灭火工作，段金刚和他的同事们不仅要面对高寒缺氧、气流紊乱、飞行颠簸等困难，更多的是“命悬一线”的生死考验。刚刚试飞上天时，段金刚心里紧张得要命，遇到气流颠簸，感觉心脏都要“蹦”出身体外面了，而之后的工作经历告诉段金刚，这就是他的工作日常。在洒水作业时，飞机忽然上升高空几千米，俯冲时又要猛地下降到几百米，这种气压突变压迫耳膜和内脏也是日常。

段金刚跟我们回忆起他的几个生死瞬间。

2012年，保山市西山起大火，当时飞机上还没有自动录像设施，段金刚正趴在机舱上录像，只听到“铛”的一声，吊桶的钢绳突然弹回。

当时也没有觉得多么异常，飞机继续飞往大海子取水时才发现吊桶怎么也无法取到水。后来检查才知道，当时在森林上空灭火时，为了增加有效水洒面积，飞机几乎是贴着树林飞行的，在这个过程中，吊桶似乎被一棵很高的大树挂了一下，桶底也被窜起来的火焰燎到了。说到这里，他笑着说：“如果挂着吊桶的那一下，力度再大一点，后果真不堪设想，现在也不能和你们在此聊天了。”

他淡定随意得就像在说别人的故事。

2019年2月，大理市海东镇出现森林火情，火场风力大，火势强，蔓延速度极快。火灾发生时，作为驻防大理基地的特级飞行观察员，段金刚带领基地备勤人员在机场值守。挂装吊桶、确认各机组的航油

量、选定取水点、规划火场航线……这是他从事飞行观察工作以来，组织吊桶洒水灭火飞行计划批复时间最短、起飞最快的一次。

但在起飞时，他犹豫了一下，此时的地面风速为20 ~ 22米/秒、风力达8 ~ 9级，这接近直升机起飞风速极限。时间不容许他再次考虑，他果断下令。飞机起飞了，大家只能侧身紧靠机舱、紧紧抓住扶手，身体随着机体左摇右摆、忽上忽下。

滚滚浓烟像一条巨龙向外蔓延，直逼高速公路；草灌丛生的火场部分火头已燃烧为树冠火。几个村庄在未燃烧的林区腹地，还有村庄沿山脚分布，山脚高速公路上还有车辆在穿梭。没有犹豫，他们的飞机冲进了火场，段金刚紧紧地贴靠机舱内壁，打开地理信息标绘系统，标绘、勾画火场态势，标注村庄、道路信息，填写火情侦察报告、扑救建议……

这支空中扑救力量，做到了第一时间摸清火情、切断火线，有效控制火势蔓延。

在火灾扑救中，由于机场风速过大，加之直升机旋翼飞速旋转产生强大气流，吹起了地面设施部件，段金刚的头部受到重击，伤口长达7厘米，血流不止，一同作业的机组人员腿部也被重物砸伤。但大家都没有停止工作，段金刚把伤口进行简单包扎后继续坚持工作，一直到晚上才离开机场去医院处理伤口。

当被问及每次接到任务，心里是否紧张时，段金刚淡淡地说："没有什么的，已经习惯了。我们出任务，也像你们上班一样，是例行的工作。"

每一场火，不管大小，被毁坏的森林，需要几十年才能重新长起来。尤其是一些原始森林，有时一场大火，一烧就是十天半月，成百上千亩林木毁于一旦。作为高空灭火的一员，段金刚和同事们虽然拼尽全力，无数次成功扑灭火情，但在大火面前，还是经常有深深的无力感，常常责备自己怎么不能多抢救几亩森林。

这29年的航空护林工作，段金刚把自己的感情深深融入其中，一山一水、一花一草，都牵动着他的心。

森林火场的“雄鹰”

——应急管理部北方航空护林总站应急工作组

森林上空浓烟滚滚，熊熊烈火翻滚着、呼啸着，将一片片绿色疯狂吞噬。一架直升机在火场上空沿火线盘旋，时而靠近，时而避远，机上人员要在烟雾弥漫中迅速定位火线，并对火场发展态势作出准确判断。

这不是灾难大片中的特效场景，也不是惊心动魄的超级英雄故事，而是北方航空护林总站应急工作组每次亮相的工作场景。

这是一支处置急难险重火情的冲锋队。当北方林区发生重特大森

林火灾时，他们代表国家森林草原防灭火指挥部，第一时间赶赴火场一线。

这是一群集多种技能于一身的特种兵。应急工作组由飞行观察员、气象员、航空管制员等组成，执行火场侦查、应急通信、航行管制及协调保障等任务。

他们召之即来，来之能战，战之必胜。自1994年成立以来，北方航空护林总站应急工作组的足迹遍布内蒙古、黑龙江、吉林、河北、山西、甘肃、新疆等地，出现在每一次重特大森林火灾的现场，发挥着无可替代的作用。

烈火中淬炼，危难时担当

1994年，为及时准确掌握重特大森林火灾现场情况及发展态势，原林业部决定成立东北、西南赴火场第一梯队（应急工作组的前身），分别由东北航空护林中心（今北方航空护林总站）和西南航空护林总站（今南方航空护林总站）派员组成。

成立初期，北航总站应急工作组成员只有两三名飞行观察员，没有车辆，没有通信设备和传真设备。在1996年4月的内蒙古红花尔基火场，工作组的飞行观察员和机组成员每天要在指挥部与停机坪之间跑步往返。在1998年5月的柴河火场，为给指挥部传火区态势图，工作组成员要坐车到扎兰屯市去复印和传真。1995年5月13日，在黑龙江嫩江大治火场，由于火势较猛，前线指挥部被迫撤离时，工作组差点因车况不佳葬身火海。

火场工作、生活条件的艰苦就更不用提了。作为国家森林草原防灭火指挥部的“国家队”，北方航空护林总站应急工作组要处置的每一

个火场都急难险重，每一次出动都是急行军。天为被、地为床，风餐露宿是他们的“家常便饭”，为完成使命有时必须以身犯险。

2000年6月，大兴安岭松岭火场被浓烟笼罩。为观察火线，工作组乘直升机几次冒险穿过烟雾缝隙，终于准确定位，为火灾扑救提供了重要的决策依据。在2017年的内蒙古毕拉河火场，应急工作组在风雨交加、气温零下5摄氏度的天气下，住在野外搭建的临时帐篷里，连续3天每天工作超过12小时。在2016年甘肃迭部火场，应急工作组在接近飞机升限的4000米高空，努力克服高原反应带来的身体不适，带着氧气袋，坚持飞行作业，接连9天每天工作12小时以上，完成各项火场工作任务。

应急工作组一次次克服困难、一次次冒着危险，在烈火中淬炼，在危难时担当。快速反应、侦查火场、保障通信、调配飞机、指挥协调、参谋建议……在一个个急难险重火场的处置中，他们以严谨的工作态度、精湛的专业技能、无畏的奉献精神及视火场任务为使命的赤胆忠心赢得了大家的信赖。

不是不怕牺牲，而是选择了义无反顾

森林火灾是一种突发性强、破坏力大、处置救援较为困难的自然灾害，极易导致毁灭性后果。1987年的大兴安岭“5·6”森林火灾给他们留下的伤痛至今难以磨灭。

人们常用“人间炼狱”来形容森林大火的景象。2019年3月29日，在山西省长治市沁源县森林大火现场，浓烟蔽日，几十米高的火舌窜向天空，高压电线杆被火海一口吞掉。

火场空中作业的艰苦与危险程度可想而知。火场气流复杂，烟尘弥漫，给直升机飞行带来极大挑战，一旦发生“钻烟”，直升机就会失去升力，后果不堪设想。

面对火魔，人类显得如此渺小，却又如此顽强。沁源大火发生后，北方航空护林总站接到应急管理部航空应急救援通知后，仅用1小时就完成了调机指令下达和跨区支援飞机的协调工作。应急工作组、陕西航站、山东航站及各支援飞机机组工作人员，在保障条件有限、作业环境复杂的困难条件下，发扬吃苦耐劳精神，坚持日出开工、日落收工，平均每天空中作业十几个小时，出色完成了火场飞行任务，得到了一致认可。

火场无情，事故时有发生。曾有一架“小松鼠”直升机在执行火场运输任务途中坠毁，事故后仅2天，工作组第一梯队便接到指令再次赶赴火场；曾有飞机在火场因故障发生迫降事故；曾有飞行观察员亲历直升机坠落而侥幸存生……怕吗？当然怕。应急工作组的每个人都是凡夫肉身，都是父亲、儿子、丈夫、兄弟。他们上过刀山火海，深知这份工作的危险，更懂生命的脆弱。但只要一声令下，他们仍然勇往直前，向火而行。

真正的英雄不是不怕牺牲，而是在历经生死之后，依然选择了坚守使命，义无反顾。

没有鲜花、掌声，没有高薪、厚禄，每次大火扑灭后，甚至没有镜头会关注工作组成员疲惫的身影，但林区的每一片桦白松青、每一份岁月静好，都是他们舍身忘我、负重前行的意义。

练就过硬本领，当好新时代应急先锋

经过25年的艰苦奋斗，北方航空护林总站应急工作组队伍不断壮大，装备不断改良，火场应急效能不断提升。

GPS定位系统代替了飞行观察火场目测定位，应用卫星传输代替了电台、电话传输，尤其是“北航总站火场侦察系统”建设项目实施后，实现了火场高清无线图像实时传输，综合通信指挥车开到火场就可作为前线指挥部，多种新型设备投入使用，大幅提升了应急工作组火场信息采集、通信保障及决策指挥能力。

身着“火焰蓝”，心怀赤子心。北方航空护林总站应急工作组将时刻听从党和人民召唤，不忘初心、牢记使命，保持枕戈待旦、快速反应的备战状态，练就科学高效、综合应急的过硬本领，发扬不畏艰险、不怕牺牲的火场精神，誓做人民的“守夜人”、新时代的国家应急救援先锋。

忠诚守护祖国生态北大门

——黑龙江省森林消防总队大兴安岭地区支队

绵延千里的大兴安岭山脉是我国最大的原始林区，孕育了一支有着光辉历史的英雄队伍，他们忠诚守护着祖国的生态北大门，这就是黑龙江省森林消防总队大兴安岭地区支队。

这是一支传承红色血脉、传统积淀厚重、英模典型辈出的森林消防劲旅。1964年，党中央、国务院批准开发建设大兴安岭林区。同年10月，根据森林防火形势需要，大兴安岭特区松岭森林警察中队成立。该中队便是大兴安岭地区支队的前身。

组建以来，大兴安岭地区支队先后为四川、云南总队和机动支队等单位输送灭火骨干600余名，被誉为森林消防的种子队伍。

成立50多年来，大兴安岭地区支队圆满完成灭火作战任务2000余项、完成抢险救灾任务400余项，多次荣立集体和个人一、二、三等功，涌现出中国武警“十大忠诚卫士”于连合，全军“学雷锋先进个人”、武警部队“十大标兵士官”马日史初，首届十位“中国生态英雄”之一李斌，全军优秀士官人才奖一等奖获得者刘宝辉，武警部队优秀士官、森林部队“绿色卫士”汪显宁等一大批先进典型。

这是一支建设基础扎实、特别能打胜仗、历史功勋卓著的森林消防铁军。支队辖区内有5个国家级自然保护区、10个重点火险区，春秋防火紧要期兵力前置到7个重点火险区靠前驻防。支队党委持续用“建设全面过硬标兵支队”的要求统领队伍发展，突出举旗铸魂抓根本、聚焦使命抓中心、持续凝神聚气促改革，圆满完成了2010年呼中“6·26”森林火灾、2013年黑龙江三江流域特大洪灾、2017年内蒙古

陈巴尔虎旗“5·17”跨区增援、2018年内蒙古汗马自然保护区过界火等重特大灾害救援任务。

这是一支对党忠诚、纪律严明、赴汤蹈火、竭诚为民的森林消防尖兵。支队着眼于建设对党忠诚的综合性消防救援队伍，坚持教育先行，着力打牢看齐追随的思想基础。着眼于建设纪律严明的综合性消防救援队伍，依法从严治队，持续强化令行禁止的组织基础。着眼于建设赴汤蹈火的综合性消防救援队伍，聚力练兵备战，全面夯实战之必胜的能力基础。始终保持枕戈待旦、快速反应的备战状态，积极探索地空一体化作战模式，利用驻地航站开展精兵重装远程输送和实机滑降实战训练，打造复杂地形和不良气候条件下扑救重大森林火灾的“森防机降队”，形成“空中快速机动二大队、装甲重装机动三大队、尖刀快反特勤排”立体互补的新作战体系。着眼于建设竭诚为民的综合性消防救援队伍，赓续优良传统，扎实筑牢为民服务的思想基础。

传承红岩精神　不懈砥砺成长

——重庆市消防救援总队渝中支队较场口中队

解放碑商圈，是重庆最火爆的旅游打卡地。这里云集了诸多知名旅游景点，日均人流量达33万人次，节假日高峰期更是突破100万人次。

与这繁华世界一墙之隔的地方，驻扎着一支历史悠久的消防队，它守护这片土地已有近百个年头，这就是重庆市消防救援总队较场口中队。

较场口中队始建于1920年，是重庆历史上第一支现代意义上的建制消防队。

"脚一踏出中队大门就是花花世界，稍不注意心很容易飘起来。"

较场口中队指导员李佰特表示，时刻牢记政治信仰，对党忠诚，始终是中队全体队员的信念之基。

较场口中队始终把学习传承红岩精神作为必须开展的“启蒙教育”。唱响《艰苦奋斗歌》，读《红岩》，看《烈火中永生》，参观红岩村，品尝南方局“标准餐”窝头稀饭，是较场口中队每一位新队员必须体验的项目。

2018年，消防部队转制，较场口中队第一时间学习和践行习近平总书记训词精神，并迅速按照“两严两准”要求，把政治学习等工作开展得有声有色。

“在新时代，消防工作须严格遵循‘对党忠诚、纪律严明、赴汤蹈火、竭诚为民’的要求，我们是应急救援的主力军和国家队，不加强学习怎么行？”李佰特介绍，因为工作任务繁重，每次政治学习都有队员因公差勤务缺席，为解决这部分人员的准时学习问题，他们用起了钉钉软件。“我们主要是利用这个软件来学习，把课件内容发上去，谁看谁没看，什么时候看的，一目了然。”李佰特说。

在寸土寸金的解放碑地区，高楼大厦密集到什么程度？较场口中队中队长杜东脱口而出：“5平方公里的土地上，高层建筑面积达6.49平方公里。”

没错，高层建筑面积已经超过了辖区土地面积。

较场口中队拥有全国密度最高的高层建筑群和全亚洲最庞大复杂的地下交通网络，还有10余个全国知名的网红景点，消防安保任务的难度可想而知。

“在日常训练中，我们会‘就地取材’，做到一边训练一边熟悉地形。”杜东说，针对训练场地有限的实际情况，他们充分利用超高层建筑、老旧居民区、山城步道等开展训练。

一边训练，一边调研。中队摸索出高层水带施放操、地下密闭空间纵深救人灭火操等20余种战术操法，制作了各类超高层、城市大型综合体、网红景点等灭火救援预案120余份。

2018年11月28日凌晨，辖区一地下商场发生火灾，较场口中队的消防员凭借平时烂熟于心的预案，仅用20分钟，不仅扑灭了火灾，还成功救出了2名被困人员。

赴汤蹈火　步履不停

——山西省沁源县森林消防大队

在太岳山深处的上党名镇郭道镇，驻扎着一支守护林海的消防铁军——沁源县森林消防大队。自从这支队伍进驻郭道镇以来，那振奋人心的嘹亮军号声、清脆的口哨声、整齐的呐喊声、铿锵的训练声，从未有一日停歇。

沁源县森林消防大队组建于2011年，建队之初仅有54人。发展到

现在，有队员170名，包括11名党员、48名退伍军人。在沁源县委、县政府及县应急主管部门的领导下，大队由一个地方组建的普通消防大队成长为一支对党忠诚、纪律严明、赴汤蹈火、竭诚为民的铮铮铁军，发挥了举足轻重的先锋模范带头作用。

大队甘于奉献、竭诚为民，赢得了当地干部群众的广泛赞誉，多次受到山西省、长治市、沁源县等各级政府有关部门的表彰与奖励，相继被授予“2014—2015年度文明单位”“先进基层党组织”“战备训练先进单位”“应急救援突出贡献单位”“守护先锋队”“2017年度优秀森林消防专业队”“山西青年五四奖状”“中国青年五四奖章集体”等荣誉称号。

担当有为冲锋陷阵，牢记使命甘于奉献

8年多来，沁源县森林消防大队总计处理各类火情火警127次，参加抗洪抢险5次，完成外出灭火救援任务13次，累计出动各类车辆917台次、人员4246人次，圆满完成了一次次任务，被誉为“森林卫士”“钢铁战士”。在两次形势极为复杂的森林火灾扑救中，该队有7名战士英勇牺牲，3名战士负伤。

2014年2月1日，大队奉命赴壶关县石坡乡执行扑火任务。战士们昼夜奋战直至深夜12点，因风向突变、火势迅猛，在与班长帮助队友撤退途中，战士王晓康将逃生的机会让给战友，自己被卷入火海，最终因抢救无效牺牲。

2019年3月14日，沁源县沁河镇南石村发生森林火灾。森林消防大队接报后，根据县政府指令，迅速出动140余名消防员，分头从不同的着火点进行救援。在扑救过程中，由于风力骤增、风向突变，受飞

火袭击，武俊文等6名队员英勇牺牲，永远留在了这片养育全县16万人民的森林。

面对无情的大火，大队队员用英勇无畏和无私奉献诠释了保卫国家人民生命财产安全的神圣职责，用青春和热血谱写了壮丽的篇章。

双管齐下严明标准，不忘初心依法治队

2011年8月，为了解决沁源县220万亩森林的应急救援问题，沁源县森林消防大队正式组建。自成立伊始，大队建立和保持了严格规范的战备、执勤、训练、工作和生活制度，锻造了全队战士优良的工作作风，正规化水平日益突出。在沁源县委、县政府的高度重视下，大队先后获得投资3000万元，极大地改善了硬件设施和办公条件，营区占地面积达到13000平方米，配套了宿舍楼、会议室、文体活动室、图书室、篮球场、400米障碍场、器械训练场、浴室、装备物资库、洗漱间、餐厅等各类设施，全方位满足了官兵工作、生活需要。同时，按照积极备战、保障装备的要求，配备运兵车21辆、大小型水车4辆、物资运输车13辆、餐车1辆、多功能指挥车1辆、无人机16架。装备水平的不断提升，使大队既能近距离出战，又能远距离驰援兄弟县区的灭火救援任务。

应急救援不惧艰险，服务地方更具情怀

救民于水火、助民于危难是扎根于每一名森林消防队员内心的初心和使命。努力保障人民群众的幸福感、获得感和安全感，是这支队伍矢志不渝的奋斗目标和最高追求。

特别是在2019年沁源县“3·29”森林火灾扑灭工作中，沁源县森林消防大队作为一支年轻的主力队伍，在指挥部的科学决策下，协同交通部门，连续作业10个小时，在8公里的山梁上硬生生开出了50米宽的防火隔离带，以坚韧不拔的意志，完成了正常速度下半个多月才能完成的工程，创造了奇迹。而在这个过程中，他们还抽调部分兵力，协助政府部门、过火乡镇，安全转移并妥善安置近万名群众，有效地保障了人民群众生命安全。历时六天六夜连续奋战，在极为险恶的条件下，全体军民和全县社会各界人士通力协作，以团结奋斗的无畏精神，创造了科学扑救、安全扑救、大规模扑救的奇迹。

冲锋在前勇当排头兵　百炼成钢烈火铸英雄

——国家危险化学品应急救援中原油田队

你能在网络上看见的，是他们连几盘水带、翻几块板障就轻松收获过万“点赞”的光鲜亮丽；看不见的，是练就满身武艺的他们一次次在灾难现场力挽狂澜时的向死而生、英勇逆行。

你能在上海、天津、海南、广西等外部市场听到他们铿锵的步履声和整齐豪迈的口号声，却听不到他们当初开拓这一片片市场时和甲方反复沟通的诚恳话语。

你能感受到他们在领奖台上手捧鲜花接受致敬时内心涌起的豪迈之情，却感受不到在一个个漫长的日子里，他们与妻儿长久分离的落寞失意。

——他们就是由长在颛顼故里、征战四海的中原消防战士汇聚而成的国家危险化学品应急救援中原油田队。

自1978年组建以来，国家危险化学品应急救援中原油田队始终以防火灭火为中心，以“争做中国应急救援排头兵”为奋斗目标，以服务油田生产建设和保卫职工群众生命财产消防安全为己任。在抢险救援等大战恶战中，他们冲锋在前，在外闯市场的大风大浪中，他们百炼成钢。他们在危化品救援实训、应急救援技术研发的最前线磨砺本领，培养出了一支特别能吃苦、特别能战斗、特别能奉献的救援队伍，是具备职业化、专业化、正规化、市场化的中国应急救援队。

近年来，国家危险化学品应急救援中原油田队在卫-146井、濮3-347井、清溪1井井喷抢险，“5・12”四川汶川地震、“9・7”云南彝良地震和“4・20”四川雅安地震等抢险救灾工作中立下功绩，先后受到党中央、国务院、中央军委，以及有关部委的表彰。国家危险化学品应急救援中原油田队是石油石化行业第一支走向市场的企业专职消防队伍，队伍始终坚持加强科学技术研发和自身硬实力建设，开创了全国应急救援培训的先河。

把烈火当考验，把伤痕当勋章

2019年3月20日清晨，川东北达州市隧道穿越工地突现不明气体，中原油田普光应急救援中心作训办公室主任原华成率队出警。1100米长的隧道里伸手不见五指，侦检中的原华成突然崴脚。他咬紧牙关摸索前行，直到傍晚完成排险任务。那时，他的右脚踝已肿起一指高。

红肿、磕伤、破皮……在国家危险化学品应急救援中原油田队成百上千的队员身上，这样的小伤随处可见。多年来，他们以保障国家能源安全和一方百姓平安为己任，一次次义无反顾地奔向灾难现场，朝着逆向逃生人流的方向无畏奔跑，身体各处留下的大小伤痕，早已成为他们引以为傲的勋章。

生产现场危机四伏，在看似平静的“表皮”之下，危险也在“虎视眈眈”。

在一场场强力冲击着百姓宁静生活的大灾大难中，中原消防人冒余震、穿危房、钻废墟、蹚火海，用希望扩展希望，用生命激活生命，演绎着一幕幕感人至深的“最美逆行”。从来就没有什么岁月静好，只不过有人在替你负重前行。

拉长消防产业链，在行业竞争中遥遥领先

“报告！这里是国家危化品应急救援濮阳基地，正在进行真火实战演练，请指导！”2019年5月30日，在中华人民共和国应急管理部指挥中心，国家危险化学品应急救援（实训）濮阳基地石油化工装置及

罐区灭火实战演练的实时画面信号被切入2019年全国“安全生产月”和“安全生产万里行”活动启动仪式现场，演练总指挥杨永钦报告结束后，消防战士就和车载炮、灭火机器人、双臂举高车一道出动，强劲而密集的水流在空中形成面面“水幕”、道道“水墙”，将几欲“吞噬”分馏塔的滚滚黑烟和炽热火焰瞬间扑灭。

近年来，随着一块块全新外部市场的开辟，中原油田队转型发展的道路越走越顺，当年的外闯市场“新兵”也在合作方一次次由衷赞扬中更深刻地意识到了自身拥有的专业人才队伍、过硬应急处置水平、先进应急救援技术等诸多竞争优势。

中原油田队瞄准市场需求和消防工作实际，将“实战化训练、高端人才培养”作为自身定位，在国家安全生产应急救援中心的指导帮助下，争取到了国家危化品实训基地、竞赛基地和救援基地永久性落户中原的宝贵资格。

此外，中原油田队还积极与北京大学、中国人民警察大学等高等院校合作，将基地作为消防工程专业博士、硕士研究生实习的战场；吸引26家国内消防企业入驻实训基地；承办国家危化品应急救援指挥员，以及中石化、中石油、中储粮等各类培训班98期、12000余人次，将基地打造成为一个集危化品救援培训、研讨、技能考核、实战演练、技术竞赛于一体的综合性培训基地。中原油田队还积极拓展国际消防领域培训，已与苏丹、沙特、也门、哈萨克斯坦等11个国家的石油石化行业应急救援管理部门达成了培训意向。

5年零伤亡 科学救援为大湾区腾飞护航

——国家危险化学品应急救援惠州队

国家危险化学品应急救援惠州队（以下简称危化救援惠州队）组建于2014年3月，实行24小时执勤战备和准军事化管理，是一支以堵漏、洗消、灭火、转输、抢险、侦检、隐患排查、防灾减灾、环保处置为核心业务的综合性安全生产应急救援专业队伍；接受国家、广东省、惠州市应急管理系统指挥调度，参与执行危险化学品、森林消防、三防等应急救援、抢险救灾任务，为服务企业提供预防性检查、演练、风险作业监护、堵漏及应急救援等专业服务。多年来，危化救援惠州队凭借着过硬本领，逐步成长为粤港澳大湾区高速发展的重要护航力量。

成立近5年来，危化救援惠州队先后参与并成功处置区域及周边危

化、森林、三防、交通等100多起应急救援抢险救灾任务（危险化学品应急救援45起、森林火灾60起、三防抢险救灾19起），出动人员2106人次、车辆376车次，救援人员伤亡数为0，为企业预防性检查服务386次，高风险专业堵漏20次，参与并指导大型演练28次，协助企业预案演练131次。

扎根化工园区的“特种部队”

危险化学品事故具有突发性强、扩散速度快、不易控制、对人员和环境危害性大、后果严重等特点，其救援不同于一般救援，是具有特殊性、危险性、复杂性和艰巨性的高要求抢险救援。针对危险化学品事故的特点，国家危险化学品应急救援惠州队成立信息侦检组、灭火洗消组、抢险堵漏组、技术保障组、森林消防组，以提高危化救援惠州队专业化能力素质为最终目的，打造了一支专业精干、英勇顽强、攻坚克难、敢打必胜的实战型专业化应急救援队伍。

守护粤港澳大湾区的“尖刀力量”

2019年5月13日8时39分，一阵急促的电铃意味着有危化警情。广惠高速博罗福田段内，一辆载有约25吨二氯甲烷槽罐车因驾驶不慎，冲出高速护栏外并侧翻在高速旁的沟槽内，车头严重受损，槽罐车安全阀等多处泄漏，情况紧急。危化救援惠州队接到命令后，迅速组织11名指战员和2名随队专家，驾驶抢险救援车、防化洗消车、大流量泡沫消防车火速赶赴现场。

危化救援惠州队到达现场后，立即派出信息侦检组对事故现场开展外、内部侦检。

“报告指挥员，侦检小组侦检完毕，已发现3处明显泄漏点，现场检测数值仍在安全值内，符合作业要求。”

现场指挥部指挥员与专家根据惠州队侦检评估信息，最终确定了实施堵漏处置后转输倒罐的行动方案。

指挥员立即分配任务：“信息侦检组持续监控事故现场，发现异常立即报告；抢险小组立即建立作业警戒区，清除作业障碍，辅助堵漏小组进行堵漏作业；堵漏小组马上准备相关器材，实施堵漏；灭火洗消组准备器材待命，随时做好支援掩护。”

各专业组紧张有序处置，11时45分危化救援惠州队成功完成事故现场的堵漏处置作业，使事故槽罐车停止泄漏。随后危化救援惠州队派出队员协助现场工作人员对泄漏槽罐车进行转输倒罐作业。经过约几个小时高温作战，15时05分，槽罐车侧翻泄漏事故成功处置完毕。

开展应急救援安全培训的“大课堂”

对于救援，时间就是生命。在不同的救援任务中，队员需要穿戴的救援装备种类也各不相同。辐射、高温、有毒有害、易燃易爆物品，对队员来说是一个严峻的考验，因为如果有一件防护装备有轻微的破损，没有被及时发现并更换，或穿戴使用不当，都有可能导致身体不适，甚至伤亡。一名队员，从入队到投入实战，不仅需要经历数个月高强度的体能训练，还需要掌握145种不同的作战器材。从各类救援车辆的驾驶使用，到防护器具的保养穿戴，从各种高科技侦检装备的精准监测，到现代化无人灭火装备的联合作战，都需要每名队员学习掌握和不断训练。

危化救援惠州队围绕应急领域，致力于应急安全培训。2015—2018

年承担政府、企业共计26次大型预案演练；2016年自主投资搭建了国内领先的三维模拟预案演练系统，为企业应急预案演练提供了新视角，替代过去应急预案传统桌面演练模式，使应急预案演练效果更加直观、逼真和生动。接洽广东省内外各类考察、学习、交流314次，共计5080人，在应急救援领域提升了影响力，得到了各级政府及国内同行的广泛认可。

开展应急救援领域科研应用开发

科研开发方面，惠州队与华南理工大学联合申报的“基于多重大危险源和动态风险的化工园区应急救援体系创新”研究项目，获得广东省2016年安全生产专项资金支持；开发的“星点”安全救援精确调度系统的研究项目，被批准为国家安监总局2016年安全生产重大事故防治关键技术科技项目；开发的三维模拟演练系统及推演室，代替了传统的桌面演练模式，预案演练效果更加直观、生动；“社会化危化品

应急救援队伍建设标准和服务模式探索”项目获得国家安全监管总局组织开展的全国安全生产应急管理理论创新研究活动一等奖，为安全生产应急管理工作的发展提供了理论借鉴。

国家危险化学品应急救援惠州队以建设对党忠诚、本领过硬、竭诚为民、科学高效、精准救援的安全生产应急救援队伍为目标，面对危情险情，敢于赴汤蹈火，是勇担风险的“逆行者”，是召之即来、来之能战、战之必胜的专业救援队伍。

志愿救援不求回报　出勤行程上万公里

——安徽省蚌埠市蓝天救援队

近年来，在安徽省及周边省份发生各类灾情后，活跃着这样一支队伍：有人走失，他们紧急寻踪；有人溺水，他们紧急搜救；出现火灾，他们紧急驰援……哪里有险情，哪里就有他们的身影。他们不是消防队员，却如同消防队员一样赴汤蹈火，履行职责。他们就是蚌埠蓝天救援队。

作为蚌埠首支专业的民间公益性救援团体、“安徽省委宣传部学雷锋活动示范点”，蚌埠蓝天救援队自2016年3月正式成立以来，积极参

与各类救援任务、保障任务，以无私的奉献精神和过硬的作风赢得了社会各界好评。

蚌埠蓝天救援队于2015年12月筹建，2016年3月经总部考核批准后正式成立。2016年8月9日，经蚌埠市民政局核准，注册登记。截至2018年12月31日，蚌埠蓝天救援队共有预备队员45名，志愿者84名，考察期志愿者400多名。虽然队员来自社会各个阶层，但都有着共同的信念和理想——竭尽所能在灾难面前挽救生命。

救援范围涵盖：山野救援、城市救援、水域救援、自然灾害救援、生产安全事故救援、意外事故救援和防灾减灾培训、寻找走失老人、大型群众性活动的保障等。所有公益服务免费!

从建队以来，蚌埠蓝天救援队出勤累计行程上万公里，累计出勤900余人次，累计时长数千小时。其中浙江平阳水灾救援，协助当地政府向灾区输送物资；浙江遂昌山体滑坡救援，协助当地政府找寻被掩埋村民；长江水域安庆段4名少年溺水救援；黄山太平湖沉船打捞；金寨县梅山水库救援，打捞2名溺水者；凤阳县西泉村水塘少年溺水救援；凤阳县大溪河村井下救援，协助当地公安打捞遗体；五河头铺镇水域货车打捞。

桐城奋战六天五夜，转移受灾群众200余名

2016年，蚌埠蓝天救援队接到安徽省联络官电话，安徽桐城发生水灾，大量村民被困，急需救援。蚌埠蓝天救援队迅速集合队伍，连夜赶往现场。到达现场时已经是深夜1点多，由于当时环境恶劣，漆黑一片，加上队员对当地地形不熟悉，直到凌晨4点多天蒙蒙亮的时候方能展开救援。因为大水冲毁道路，为了尽快赶到受灾村落，队员们直

接穿越一片竹林。当时林子里各种虫子爬满了队员们的身上、头上和脸上，甚至钻到了耳朵里。

一切辛苦都阻挡不住救援的脚步，艰难跋涉1小时，队伍来到了受灾村落。队员在推开房门时都小心翼翼，因为都是土坯房，长时间被水浸泡，随时都有倒塌的危险。村里的年轻人大多都外出务工了，留下的大多是行动不便的老人和孩子，队员只能背着、抱着他们进行转移。救人为先是救援的原则，但是老人们都舍不得他们的财产，其实所谓的财产也就是一些菜、米面、猫狗之类，但看着老人们期待的眼神，队员们在转移人员的同时还是尽其所能地帮助他们转移了财产。

队员们基本都没有时间坐下来吃饭，经常到夜里1点多才简单吃上几口，回来的很长一段时间里很多队员夜里都睡不着觉，因为这几天衣服都是湿的，加上各种蚊虫的叮咬，浑身奇痒难忍，很多人都抓破了皮。一切辛苦没有白费，该次救援持续了六天五夜，共转移了200多名村民，保障了人民群众的生命财产安全。

丽水救援在一线，徒手扒开碎石和泥土

在参与浙江省丽水市山体滑坡救援过程中，队员赶到现场时发现有村民被掩埋，为了不产生二次伤害，队员们不得不徒手扒开碎石和泥土。因为山体滑坡堵住的河流很快形成了堰塞湖，队员们又辗转至遂昌县转移被湖水困住的村民，用担架抬着受伤村民翻越多个山头才到安全地带。

无偿打捞落水者，收到民兵感谢信

2016年冬，蚌埠蓝天救援队接到黄山太平湖一个民兵营长的电话，称有两名钓鱼者落水，蚌埠蓝天救援队立即连夜赶往现场。到达现场后天空还一直下着雨，而落水的位置有35米深，给搜救增加了难度，经过整整两天的不停奋战，终于将第一个落水者打捞上岸。但是另外一个无论如何努力依然没有结果，家属看到队员们已经是竭尽全力、筋疲力尽了，实在不忍心，主动要求暂时放弃搜索，队员无奈只好暂时收队修整。在队员回来一个星期左右，对方传来消息说另外一名落水者已经打捞上来，原来是家属请了社会上的商业打捞队。这个打捞队是收费的，到达现场时需收20000元，当打捞上来时再付15000元，一共35000元。太平湖当地的民兵营长特意给蚌埠蓝天救援队写了一封感谢信，说同样一件事情，同样打捞上一个人，你们蚌埠蓝天救援队没有收我们一分钱，还自己倒贴几百元油费和车费，而他们收了35000

元，这35000元对农民来说是个沉重的负担，他们被蚌埠蓝天救援队的精神所感染，表示自己以后一定要踏踏实实为百姓做点实事。

救援队队长说："其实我们感动了他，他也感动了我们，后来我们也进行了自我分析，并不是我们不努力，而是我们的救援装备不到位，因为商业打捞队当时用声纳探测仪探测到了落水者被卡在水底两块石头之间，于是利用潜水员打捞，而我们那个时候没有设备。"

大赛创意获奖，用奖金买探测仪

2016年，在蚌埠市民政局举办的公益创投大赛中，蚌埠蓝天救援队的"生命之舟"创意荣获三等奖，获得资金15000元。于是蚌埠蓝天救援队当机立断用这15000元钱买了一台声纳探测仪，这台声纳探测仪在日后的搜索救援当中也立下了汗马功劳，大大降低了队员们搜索排查的劳动强度，提升了队员们搜索排查的效率。在定远的一次打捞车辆落水的救援中，蚌埠蓝天救援队运用声呐快速锁定了车辆位置，成功实施搜救。

此外，蚌埠蓝天救援队还广泛参与到防震减灾、安全生产月等各类群众性宣传活动中。向市民展示救援装备，培训心肺复苏、紧急包扎等技术，教育市民遇到突发灾害不慌张，要有自救和互救的能力。

截至2019年，蚌埠蓝天救援队执行救援任务400余次，其中溺水救援200余次，寻找走失老人儿童150次，大型赛事保障14次。免费在蚌埠一市三县的大中小学45所、社区及工厂15个进行安全宣教，受益人数超过万人。救援队也荣获"2016年蚌埠新闻人物""2017蓝天救援队优秀团队""蚌埠市公益创投"等多个奖项。

守公益初心搜救北海
成功救助海上河里遇险人员182人

——广西壮族自治区北海市海上搜救志愿者队伍

志愿搜救，这是一个没有报酬、用自己的时间和精力甚至是花自己的钱、冒着生命危险去帮助别人的行当。志愿搜救一两次容易，长期坚持就不容易了。可就是有那么一支队伍、一群人，他们对“志愿搜救”乐此不疲，他们就是广西北海海上搜救志愿者协会的广大志愿者。

初心笃定为公益

近年来，北海市旅游业、近岸养殖业和渔业发展很快，但在发展过程中，也出现很多不安全因素，特别是近岸、浅海救援力量严重不足，海事部门的专业搜救船艇由于吃水太深无法到达浅海参与搜救。那么，这片近岸搜救空白如何填补？

2014年初，游泳、潜水运动健将许建本联合社会力量，广泛招募志愿者。2014年8月1日，北海海上搜救志愿者队伍正式成立。志愿者中有工程潜水员、游泳教练、摩托艇驾驶员等大批专业能力过硬的技术人才。

2016年4月，北海海上搜救志愿者基地挂牌成立。2017年9月，北海海上搜救志愿者队伍注册成立了北海海上搜救志愿者协会，从此，广大志愿者有了自己的“家”。志愿者协会下设水下搜救组、海上搜救组、岸滩搜救组、航空搜救组、医疗救护组、后勤保障组等。许建本任协会会长，苏少萍、黄建强、冯友荣等任副会长，黄旭琦任秘书长。志愿者从40多人发展到现今的80多人。

危难之处显身手

北海海上搜救志愿者队伍成立之后，实行严格的管理制度。每一个志愿者都要坚持“爱心奉献大海、忠诚守护生命”这一服务理念，都要始终保持“有警必出、有难必帮、有险必救”的战斗作风，每个志愿者都会自觉实行24小时待命，不管白天黑夜，不管酷暑严寒，一接到电话，他们就会立即向搜救现场奔去。

2019年3月23日，载客770人的“北游25”号客轮在涠洲西角码头搁浅。协会会长许建本接到北海海事局领导打来的险情电话时，正在家里吃饭，他立即放下饭碗，和志愿者张磊、周文俊急忙赶到码头。郑庭钰、李成龙、赵英健、杨庆成、徐平忠等志愿者闻讯也先后赶到码头。他们冒着巨大风浪和生命危险下水检查船体受损情况，为指挥部搜救决策提供了重要依据。为解决船上乘客的食物和饮水困难，晚10时许，志愿者发挥专业优势，克服各种难以想象的困难，冒险登船并协助打开舱门。经过两个小时的奋战，终于通过缆绳将一批矿泉水、八宝粥和方便面等补给物资吊运上船，为船上游客提供了重要的生活保障，为北海市委、市政府调集各方力量解决“北游25”号客轮搁浅事件赢得了充足的时间。

2017年5月10日下午，广西北流市清水口镇中心小学10余名学生相约到圭江河段游泳，部分学生溺水，有6名学生失联。当晚10时40分，协会接到帮助搜救失踪小学生的请求电话后，许建本立即率黄建强、黄旭琦、张秀清等人，携带潜水器材连夜驱车急奔清水口镇，于凌晨3时赶到事发现场。由于连日降雨造成江水浑浊，流速超过每秒1.8米，且事发地有多处湾流，水深13米。当时也有其他的救援人员在现场，但没有人敢于下水。许建本凭着30多年的潜水经验，主动要求率先下水搜寻遇难学生。经在场的当地政府负责人同意，许建本携带潜水器材，跳入洪流滚滚的江水中。水下能见度为零，不时还会碰上嶙峋的怪石，许建本只能在水里一步步摸索前行，在水里搜寻了3个多小时，用完了3节氧气瓶，终于发现了两名紧紧抱在一起的遇难学生，并立即把尸体打捞上岸。稍作停留，他又和随后下水的志愿者一起钻入河底。这次搜救，历经32个小时，搜寻河道达5公里，最终将6名遇难学生遗体全部打捞上岸。

2017年4月12日，志愿者协会副会长冯友荣和莫仁军、莫仁赞、冯思锐、王仁长、李伟雄等志愿者，接报后及时赶赴合浦县忘忧岛海域，成功救出了在海上遇险的5名外地游客。

一次或一天之内搜救出四五名遇险游客的例子不计其数，紧急艰险的搜救案例更是举不胜举。从2014年8月建立志愿搜救队至2019年6月，北海海上搜救志愿者协会的广大志愿者共参与各类海上、河里搜救160余次，出动志愿者410余人次，成功救助海上、河里遇险人员182人，成功搜寻溺水人员遗体57具，搜救范围涵盖北海市沿海岸、合浦县海河水域、铁山港沿海水域，志愿搜救足迹踏遍南宁市、钦州市、防城港市、玉林市、梧州市等广西壮族自治区内其他地市。北海海上搜救志愿者协会的志愿者队伍已经成为北海市近岸、海上、河流险情处置的主力军。

磨炼功夫好救援

搜救十分钟，要练十年功。长期以来，每名志愿者都不断自觉刻苦磨炼，熟练掌握过硬的救援本领。

北海海上搜救志愿者协会现有三星潜水教练黄旭琦，二星潜水教练许建本、梁裕才、沈贵华，一星潜水教练赵火辰、黄健强。有三星

潜水员李净，二星潜水员梁思慧，一星潜水员11人。

搜救技能提高，又有配套的搜救装备，搜救效率就会更高。为此，志愿者协会自投资金100多万元，先后购置潜水服（干/湿）、潜水鞋、呼吸调节器、浮力控制衣、氧气瓶、高压充气机、高压清洗机、救生绳等一大批潜水救生装备，以满足志愿搜救行动需求。

北海海上搜救中心也加大对搜救志愿者队伍装备建设的扶持力度。2016年4月，搜救中心联合北海市政府应急办为志愿者基地配备了“北救志愿者01”号搜救快艇、鱼雷搜救浮标、救生毯、对讲机等一大批搜救设备。2017年，北海海上搜救中心又给志愿者基地提供6套自携式潜水装备以及1套KMB潜水装备，供潜水搜救志愿者使用。

抖擞精神再向前

志愿者参与搜救行动，大都是不计报酬、不论得失。但对于跨境搜救、家庭经济比较困难的志愿者，志愿者协会在交通、食宿等方面给予适当补助，以减轻志愿者的负担。为了保障志愿行动的补助经费，一些当地企业主动从公司收入中拿出一部分资金用于志愿行动，让志愿搜救事业能够长期坚持下去。

但是志愿者协会仍面临资金匮乏、装备陈旧等困难。面对困境，广大志愿者未来的路怎么走？

“我们有强大的精神支柱，我们会坚持下去。”许建本胸有成竹地说。

“我们加入志愿者队伍的初心，就是为了志愿搜救公益事业，而不是为了享受，为了钱财。所以，再苦再累再吃亏，也是我们志愿的。”在采访现场一直沉默的副会长苏少萍接着说。她是北海半岛游泳俱乐部的会长，是一名游泳健将，也是志愿者协会的一名女干将。

冲锋在前　书写“蓝天之爱”

——宁夏回族自治区固原市蓝天救援队

2015年6月，宁夏固原市蓝天救援队组建成立，并于2017年7月20日在固原市民政局正式注册登记。这是宁夏固原市唯一的市级民间救援公益组织，现有志愿者130多名。4年来，固原市救援队始终遵循“人道、博爱、奉献”的志愿精神，坚守“少说多做、默默奉献、完善自我、善待他人”的蓝天队训，在各次突发事件、公共救灾救援行动中冲锋在前。先后开展各类应急救援43次、活动保障60次、减灾安全知识培训55次，累计出勤5320人次、2450小时，直接服务2万余人。

救援队把确保人民群众生命财产安全作为首要任务，快速反应，全力以赴开展救援工作。2017年8月8日，四川省阿坝州九寨沟县发生7.0级地震后，救援队把第一时间募集的价值3.5万元的医疗用品和食品等救灾物资连夜送到灾区。2018年7月19日，甘肃省东乡县果园乡发生水灾，救援队派遣14名队员赶赴受灾一线开展救灾工作。

在做好应急救援的同时，救援队把社会公益作为日常重要工作。救援队积极帮助固原市区家属寻找走失人员，累计制作并发布寻人启事近100人次，参与协助100多起老人或小孩走失找寻活动。从2016年开始，救援队每年开展“蓝天之爱”志愿献血活动，组织并发动蓝天志愿者每人至少献血1次，累计献血55次，共计20100毫升。

为了全面加强救援队自身建设，提高自我发展能力，救援队先后于2016年和2018年召开了两届队员大会，选举了新的领导机构，健全完善了机构设置。救援队内设行政组、财务组、信息组、宣传组、外联组、培训组、项目组、通信组、搜救组、水域组、医疗组、车辆组、装备组、后勤组等14个业务组，并专设督察岗，使机构设置更加合理、岗位分工更加明确。救援队还成立了“固原市蓝天救援队党支部”，加强救援队思想政治建设，择优发展志愿者，壮大救援队伍，人数从建队初期的30多名增加到现在的130多名。

2019年，应急管理部组织开展全国首届社会救援力量技能竞赛。全国各地的社会救援力量积极报名参加比赛，固原市蓝天救援队也积极响应，报名参加了技能竞赛，并经审核成为参赛队伍。在2019年3月新疆赛区17支队伍的初赛中获得第四名，成功晋级全国44强，并进入破拆类项目25强。4月，救援队在5支队伍的复赛中取得了第二名的好成绩，成功晋级全国总决赛。5月，在全国总决赛中，固原市蓝天救援队获得技能竞赛三等奖（破拆类）。

4年来，救援队用善行播撒人类真爱，用义举传递人间温暖。救援队的每名队员积极主动、认真参加每一次训练，雷厉风行、团结协作完成每一次保障，科学有序、永不言弃做好每一次救援，用真情描绘着他们心中的那抹“蓝”，让“蓝天救援”在固原公益事业发展中贡献更大的力量。

附录

附录一

2019年“最美应急管理工作者”宣传发布仪式

为进一步加强思想政治引领，讲好应急管理故事，充分展示应急管理系统广大干部职工和救援队伍形象风采，在全社会大力营造关心支持应急管理事业改革发展的浓厚氛围，中央宣传部、应急管理部联合举办2019年“最美应急管理工作者”宣传发布活动，向全社会发布蔡瑞、丁良浩、侯正超、肖文儒、张之崟、王念法、张在贵、魏丽萍等8名个人和上海市消防救援总队黄浦支队车站中队、内蒙古森林消防总队大兴安岭支队奇乾中队、福建省地震局地震预警工作团队3个集体

的先进事迹，中央主流媒体对这次发布仪式进行了重点报道。

一、宣传发布仪式文字实录

王筱磊：现场和电视机前的观众朋友们，大家好，这里是由中央宣传部、应急管理部和中央广播电视总台共同举办的《闪亮的名字——2019最美应急管理工作者》发布仪式的现场。大家好，我是主持人王筱磊。

王　宁：大家好，我是主持人王宁。刚才大家听到的那首歌，名字叫作《生命》。生命是阳光、是力量，是我们每一个人一生当中只有一次，却无比灿烂的华章。今晚我们要走进一个和生命息息相关的群体。他们是危机前的屏障，他们是灾难当中的希望，他们有一个全新的名字，叫作应急管理工作者。

王筱磊：新中国成立的70年，是我国经济社会发展取得举世瞩目伟大成就的70年，也是我国应急管理各项事业砥砺奋进、取得长足进展的70年。2018年4月16日，应急管理部正式挂牌成立，可以说新时代的应急管理事业迎来了一次脱胎换骨的伟大变革。

王　宁：我这里有这样一组数据。在新中国成立初期，全国自然灾害因灾死亡失踪人数，年均7200余人，而这个数字，到了2018年，已经下降到了1000人以下。一个大国应急管理体系的不断完善，使我们每一个人的生命财产安全，都得到了越来越坚实的保障。

王筱磊：大家知道中国是世界上自然灾害最为严重的国家之一，那一部中华文明史可以说也是中华民族的抗灾救灾的历史。每当危难来临，每当危急时刻，我们都能够看到众志成城、不畏艰难的身影。

王　宁：为深入贯彻习近平总书记关于安全生产、防灾减灾救灾、应急救援等应急管理重要论述精神，中央宣传部、应急管理部共同评选出11个“最美应急管理工作者”。

王筱磊： 今天，我们走进这支年轻的队伍，共同去感受他们极端认真负责、甘于牺牲奉献、勇于担当作为、善于开拓创新的职业精神。

王　宁： 今晚，让我们走进这样的一支英雄队伍，一起来聆听，他们唱给生命的英雄赞歌。

现场讲述：

张之崟： 危险化学品监管执法工作，平凡而重要。这些年，我思考最多的是如何更好地履职尽责。今天站在这里我想说，唯有把安全管理、设备、工艺、仪表、设计等各方面的专业知识学懂弄通，才能将监管执法的大棒磨成精细的绣花针，才能用真挚的为民情怀，滋养初心、践行初心。

魏丽萍： 我是一名安全监管工作者，可能大家还不太了解我们的这个职业，有朋友为我抱不平，说你们做了那么多工作，可是有谁能看到、有谁会知道，你们的成就感从哪里来？我说，我们的工作不是为了被看到，不是为了被知道，只是为了生命不被伤害到。2018年，北京市生产安全事故死亡人数同比下降了21%，这数字的背后都是生命。你若安好，便是晴天——这就是我的自豪感，这就是我们的自豪感。

王筱磊： 我为大家介绍，我身边的张在贵同志。首先让我们用热烈的掌声向他获得这样的荣誉称号表示祝贺。老张说要是离开了煤矿就实现不了他的人生价值了，所以我特别好奇，老张，说到人生价值，我觉得都是那些做了特别了不起的事的人，才用这个词儿。所以您能告诉大家，您想实现什么样的人生价值呢？跟我们分享一下。

张在贵： 说实话，2000年刚到这个岗位时，我对这项工作的重要性，并没有什么认识。可是有一次，辖区一家煤矿发生爆炸事故，爆炸现场真是惨不忍睹。井下多处巷道被摧毁垮塌，空气中处处弥漫着刺鼻的异味，22条鲜活的生命瞬间消失，60多个家庭支离破碎。在事故调查期间，我见到了这样一位矿工兄弟，那次事故不仅夺走了他的双腿，而且还造成了他身上大面积的重伤，我的心里很难受。躺在病床上，他的身上全部缠满了绷带，只留下眼睛和嘴巴。他的妻子哭成了泪人，并且几度昏厥，惨状不忍直视。这个场面一直深深地烙印在我的心中，并时时刺痛着我的心。我一直在想，对这些矿工兄弟来说，高高兴兴上班去、平平安安回家来，这个愿望高吗？过分吗？所以既然进了煤监门，我就要捍卫矿工兄弟的生命安全，这条路我走定了。在这些年的煤监工作中，我也有其他选择，但是一想到每下一次井查出一条隐患，就有可能避免一起事故、挽救一条生命，我觉得职位也好，金钱也好，与矿工兄弟的生命相比，根本不值一提，矿工兄弟的生命安全最重要。

王筱磊：其实，我想大家跟我一样，听了老张的话，就明白了他的人生价值，就是为我们的矿工兄弟守卫平安，守卫他们的幸福。我觉得这不仅是老张追求的人生价值，也是我们所有的，超过2800名的，我们的煤监人员，他们每一个人的人生价值。让我们向他们致敬，也祝愿我们所有的矿工兄弟，高高兴兴上班去，平平安安回家来！

致敬词：

用了多少时间

你将自己淬炼成一把标尺

用生命丈量风险的轨迹

不差毫厘

凭借多少执着
你把自己挡在侥幸面前
原则之间
站成一条醒目的红线
铁面背后
是对生命的无比温热
关键时刻
从来都是手起刀落
你要挽起一座城市的臂膀
去迎接阳光
你要用30年的重量
踏碎雨雪冰霜
黑暗灼伤了你的眼睛
你却把千米地下照亮
都说岁月静好
不过是有人为你负重前行
我要说 家国安详
因为有你铁肩担当

现场讲述：

丁良浩：19年的消防生涯，让我记忆最为深刻的是，我在“4·22”靖江德桥仓储有限公司爆炸事故，承担关阀突击手任务，当我准备转身进入内部关阀的时候，我的脑海里闪过我家人的场景。因为不确定我进入到核心区域关阀，还能不能平安归来，还能不能再见到他们。大火扑灭以后，我请假回到家，见到我的家人的时候，当我紧紧抱起我女儿的时候，我觉得我是这个世界上最幸福的人。那一刻，我特别想跟家人说，我们消防员之所以赴汤蹈火、冒死逆行，就是为了千家万户花好月圆。

王念法： 电影《战狼Ⅱ》大家也许看过，其实我们救援和《战狼Ⅱ》很像，只不过电影里展示的是战争，而我们面对的是自然灾害。在救援中，我们常说的一句话就是“别怕，有我们在”；在救援中，我们想让世界知道最响亮的一句话，那就是“别怕，有中国在”。哪里有险情，哪里就有我们；哪里有需要，哪里就有中国救援力量。

王筱磊： 现在站在我身边的就是内蒙古森林消防总队大兴安岭支队奇乾中队的指导员王永刚，欢迎你永刚。

王永刚： 主持人你好。

王筱磊： 也祝贺你们，现在我特别想替观众问一下，你们这个中队有多少人？

王永刚： 中队现在实有是47人。

王筱磊： 只有47个人。

王永刚： 是。

王筱磊： 那为什么你们非要在那儿守候？为什么必须要在那儿驻守？

王永刚： 从国家战略位置上考量，因为这片林区实在是太大了。我们中队47个人，相当于人均防火面积是标准的足球场24000个那么大。这片林区，最早的时候，是闯关东经过的一个地方，有很多的矿物质，在夏季的时候，极易引发雷击森林火灾。而在森林火灾发生时，我们中队处在原始林区腹地中心的一个位置，能够第一时间出动，第一时间到达火场，有效减少了森林火灾和森林资源的损失，实现森林火灾的打早、打小、打了。

王筱磊： 所以你们都是第一个出发，第一个到达，最后一个撤离。

王永刚： 是。

王筱磊： 那你们彼此之间那种情感纽带是不是比我们常人想象的要深很多？因为就你们这47个人，每天朝夕相处，然后面对危难。

王永刚： 正是这种特殊的地理环境使我们中队47个人的凝聚力和向心力特别的强。外界的人说，奇乾是一个孤岛，但其实，我们就是这座孤岛里面生命力最强的小草，我们就是大兴安岭的安全屏障，我们在，森林在，请祖国放心！

致敬词：

我记得　你归来时的脸庞
那是英雄特有的烟熏妆
我记得　你布满老茧的手掌
那是青春难得的军功章
与火魔交锋
你在战场的最前方
与死神擦肩
你目光里只有前进的方向
你在满目疮痍的废墟上奔忙
你要争分夺秒　撬开生命光亮
你选择逆行
从繁华到荒芜
你选择寂寞
从春天到萧瑟
当总攻的号令响起
当人们再一次为你的背影高歌

别去问青春的交付是否值得
每一位英雄的心底
早已把自我割舍
额尔古纳河的水啊
在静静传颂
天高云淡
就如你目光般高远澄澈

现场讲述：

蔡　瑞：我从事消防救援工作17年，经历了3000多次灭火战斗，无数次在生死间奔走，在水火中挣扎。2014年我任职故宫特勤中队，让我感触最深的就是默默无闻。这里的战斗就是一遍遍的巡逻检查、一次次的忠诚坚守。49年零火灾，我们要延续故宫这个奇迹，我们要跟故宫比耐心、我们要跟广场比恒心、我们要跟时代比痴心，但唯一不变的是初心——对党忠诚、纪律严明、赴汤蹈火、竭诚为民。

侯正超：蜀道难，难于上青天。我所在的四川森林消防总队守护着长江中上游生态屏障安全，这里山高坡陡、谷深林密、地形复杂，每一次任务，我们都背着近50斤的装备，穿行在3000米的崇山峻岭，星夜兼程；战斗在悬崖峭壁之上，战火魔、踏火海。我们坚信，没有比人更高的山，没有比脚更远的路。作为新时代青年，我们生逢其时，有重任在肩，只有紧跟时代步伐，不忘初心、奋力前行，才能不负时代、不负国，不负青春、不负己，用青春和热血扛起应急救援这面光荣的旗帜。

现场访谈：

王筱磊：跟大家介绍我身边的这位就是车站中队的指导员陈祥康同志，对于我们普通人来讲，楼梯是安全通道；对于消防员来讲，这就是拯救生命的生命通道。对他们的要求很简单，就是快、更快、再快，更快一点到达起火地点，扑灭火灾，拯救生命。为了这更快，你们是怎么做的？

陈祥康：平常我们会进行登楼的负重训练，全身装备70斤，我们要求在1分40秒内登上20楼。训练强度高的时候要登30楼，一天登20遍，再快一步或许我们就能再多救出一个人。刚才大家在视频里面也看到了，在地铁事故的时候，为了尽快疏散被困人员，我们的一名消防员趴在铁轨的边上，让群众踩着他的身体下来。这个行为诠释了我们队伍的一种精神，那就是用我们的脊梁扛起一方平安，我们的脊梁必须是用铁打的。所以，也请党和人民放心，在这个新时代，我们一定初心不忘、坚守平安！

王筱磊：中国登山队登上珠穆朗玛峰为的是把国旗插在世界屋脊，让它高高飘扬，彰显的是中国人勇敢攀登的精神；而我身边的消防员，还有千千万万的消防员，他们的每一次攀登不为获得荣誉，是为了守护老百姓的平安，他们也是我们这个时代最平凡、最伟大的攀登者。

致敬词：

多想　为你松一松紧绷的肩膀
多想　和你听一听翻滚的海浪
但我知道
你的梦想并不是远方
你要在最紧要的地方挺立如墙
征途路远　是勇者无畏

重担千钧 是强者荣光
当你把热血倾注在训练场
把伤痕深深埋藏
当你化身600年瑰宝的屏障
护佑着祖国的心脏
当你一次又一次在霓虹灯下奔忙
默默把风险抵挡
山一样的坚定
山一样的信仰
日复一日的年华会被重新度量
你们的汗水正在时代中闪光
就像一面旗帜在百姓的心间飘荡

王　宁： 你好，肖总。先给大家介绍一下，现在站在舞台上的就是应急管理部矿山救援中心的总工程师肖文儒。欢迎您肖总，也祝贺您。

肖文儒： 主持人好。

王　宁： 我今天拿来的这个东西，您肯定看着特别的熟悉。这是一个呼吸器，它陪了您将近20年。

肖文儒： 对，我现在下井的时候还要戴它，但是这是一种老式的氧气呼吸器，是我们矿山救护队最主要的个人防护装备。从1983年到2000年，我就是背着这样的呼吸器，在灾区成功处置了500多起事故，我们现在的矿山救护装备全部更新换代，现在的呼吸器也全部是最先进的正压氧气呼吸器。我可以很自豪地告诉大家，中国的矿山救护队目前是世界上第一流的矿山救护队。

王　宁： 真棒！第一流，其实这就证明我们在矿山救援上，有这种先进的设备和我们的综合素质作为底气，那我们的矿山救援一定会是最迅速的、最安全的。可是，即便我们的设备再先进，大家面对的依然是危险，依然会是生死考验，依然是随时出发，是吗？

肖文儒：是的，所以呢，有一样东西一直是不变的。

王　宁：什么东西？

肖文儒：那是一封信，准确地说是一封遗书。因为事故现场瞬息万变，死亡随时都会发生。如果哪一次救援，自己真的永别了，也好给家人一个交代。所以就写了一封遗书，放到办公室的抽屉里。

王　宁：虽然作为记者我的职业是提问，但是，我想说的是，我们永远都不想知道这封信的内容，我们也永远都不希望这封信被打开，因为我们就希望我们的救援者，当他们到达现场之后，他们在经历了一个又一个迎难而上之后，等待他们的永远都是平平安安，希望他们都平安。

肖文儒：谢谢！谢谢主持人！

王筱磊：接下来要介绍，我身边的这两位获奖者—— 福建省地震局地震预警中心总设计师韦永祥和应急指挥与宣教中心总设计师王青平，向他们表示祝贺！大家记得我们在短片当中说他们这个团队共同努力把地震预警的时间提前了差不多10秒钟的时间，那么对于地震预警来讲，这10秒钟意味着什么呢？

王青平：10秒钟，社会公众的话，可以采取一些紧急的避险措施，快速地撤离容易坍塌的建筑物，远离容易掉落的这些物体，进而减少人员伤亡；10秒钟对于高速行驶的列车，可以采取减速或刹车等措施，降低脱轨的风险。研究表明，如果在处置得当的前提下，10秒的预警时间，可以有效地减少39%的人员伤亡。

王筱磊：所以我想，当我们平静地去讲这些数字的时候，我们依然能够感觉到我们心灵的震撼，39%的人员伤亡，那对于普通人来讲，岂不是越快越好，能不能更提前一些?

韦永祥：我们下一个目标就是要把预警时间再增加5秒，增加1秒就是意味着更多的生机。面对地震等自然灾害，我们人类是很渺小的，甚至是束手无策。但是我们地震人，一代代的地震人努力地拼搏，与地震波进行赛跑，争取一分一秒的时间，为的就是让人类的生命之花绚丽绽放，并不凋落。

王筱磊：和地震波赛跑的人，希望你们永远跑在前边，让我们再一次把掌声和敬意送给他们。

致敬词：

你像一名将军
在生死救援的战场
披荆斩棘　智勇无双
你是一叶方舟
在胆大无畏和谨小慎微间
摆渡生命　送来安详
你是一名地球医生
用代码　用程序
用心跳监听大地的脉搏
你是飞翔天空的吉祥鸟
用鸣叫　用洁白的羽毛
护佑人间的欢笑
最不忍　无辜的生命骤然凋落
生死间　誓要把残酷的壁垒刺破
35年　危难从来不避

指挥必须前移
巍然挺立
你用征尘为创新奠基
创造奇迹
你把每一秒变成生机
看世界霞光万里
因为有你

二、宣传发布仪式新闻报道情况

新华网： 11月2日、3日，以《英雄，在我们身边！——致敬“最美应急管理工作者”》分上、下篇播发“最美应急管理工作者”称号获得者先进事迹通讯稿。4日，以《中央宣传部 应急管理部联合发布2019年“最美应急管理工作者”先进事迹》为题播发消息通稿。

英雄，在我们身边！——致敬“最美应急管理工作者”（上）

2019-11-02 10:09:00　来源：新华网

关注新华网

新华社北京11月2日电 **题：英雄，在我们身边！——致敬“最美应急管理工作者”（上）**

新华社记者魏玉坤、齐中熙

闻令而动、夙夜奋战，救民于水火、助民于危难，是新时代应急管理人的本色与担当。

为加强队伍建设，在全社会营造关心支持应急管理事业改革发展的浓厚氛围，中央宣传部、应急管理部向全社会公开发布2019年“最美应急管理工作者”先进事迹。

英雄，在我们身边！——致敬“最美应急管理工作者”（下）

2019-11-03 11:07:01　来源：新华网

新华社北京11月3日电 **题：英雄，在我们身边！——致敬“最美应急管理工作者”（下）**

新华社记者魏玉坤、齐中熙

闻令而动、夙夜奋战，救民于水火、助民于危难，是新时代应急管理人的本色与担当。

为加强队伍建设，在全社会营造关心支持应急管理事业改革发展的浓厚氛围，中央宣传部、应急管理部向全社会公开发布2019年“最美应急管理工作者”先进事迹。

中央宣传部 应急管理部联合发布2019年“最美应急管理工作者”先进事迹

2019-11-04 11:22:58　来源：新华网

关注新华网

新华社北京11月4日电 为深入贯彻习近平总书记关于安全生产、防灾减灾救灾、应急救援等应急管理重要论述精神，加强思想引领，加强队伍建设，激励应急管理系统广大干部职工和应急救援队伍不忘初心、牢记使命，勇立潮头、担当作为，在全社会营造关心支持应急管理事业改革发展的浓厚氛围，11月4日，中央宣传部、应急管理部在北京向全社会公开发布2019年“最美应急管理工作者”先进事迹。

《人民日报》：11月4日第13版，推出《应对复杂灾情　练就过硬本领——二〇一九年“最美应急管理工作者”巡礼（上）》通讯报道；11月5日，第10版推出《提升应急效能　守护安全底线——二〇一九年“最美应急管理工作者”巡礼（下）》先进事迹通讯报道，第7版推出《中央宣传部、应急管理部发布“最美应急管理工作者”先进事迹》报道。

人民日报　2019年11月4日　星期一　13 社会

郑州二七区改造老旧小区不搞一刀切

社区居民下单　党委政府接单

社会治理在身边　共建共治共享①

建议是“吵出来的”，方案是量身定制的

老居民揽下物业活，老员工换发新活力

小区不能“看着好”，还要“住着好”

应对复杂灾情　练就过硬本领

——二〇一九年“最美应急管理工作者”巡礼（上）

“生命至上，必须尽最大努力进行救援”

社会 10　2019年11月5日　星期二　人民日报

昆明东华路社区构建自管网格听民声解民忧

“好邻居议事厅”真管用

社会治理在身边　共建共治共享②

核心阅读

问题　干部埋头干　居民一旁看

破题　倾听居民热忱　网格管理发力

解题　利益长期共享　社区运转才好

提升应急效能　守护安全底线

——二〇一九年“最美应急管理工作者”巡礼（下）

敬业：对每个生命负责

创新：与每一秒钟赛跑

人民日报　2019年11月5日　星期二　7　要闻

中国更加开放　全球会更受益

——国际社会热切期待习近平主席发表主旨演讲

进博会观察

第二届中国国际进口博览会于11月5日至10日在上海举行。国家主席习近平将出席第二届中国国际进口博览会暨虹桥国际经济论坛开幕式及相关活动，并发表主旨演讲。接受本报记者采访的外国官员、参展商和专家学者表示，期待习近平主席在主旨演讲中继续传递不断扩大开放的中国声音，为维护全球自由贸易、完善全球经济治理、推动世界经济持续增长注入新的动力。

"中国坚定不移推动全方位对外开放，世界经济必将从中受益"

"习近平主席在首届进博会开幕式主旨演讲中，宣布一系列中国进一步扩大开放、保护外商投资的举措。过去一年来，我们看到各个层面都在积极落实这些举措，非常鼓舞人心。"美国陶氏公司亚太区总裁彭春思表示，很期待在今年进博会上听到更多中国为推动经济高质量发展所采取的措施和计划。

"中国是世界经济发展的主要引擎。中国坚定不移推动全方位对外开放，世界经济必将从中受益。"瑞典医疗企业医科达执行副总裁约阿尼斯·帕纳焦泰利斯表示，贸易保护主义只会伤害全球经济，希望中国持续扩大开放、推动贸易投资自由化和便利化。

"在全球经济增长疲弱、贸易保护主义抬头之际，中国举办进博会向全球展示了进一步开放市场、促进公平贸易的决心与诚意，为维护全球多边贸易体制提振了信心。"新加坡国立大学商学院副教授傅强认为，中国进一步开放市场，将为各国和各国企业发展提供更多机遇。

"中国的稳定发展和对外开放政策维护了全球自由贸易体制，这对于巴西及其他经济体至关重要。"巴西里约州立大学国际关系系主任毛里西奥·桑托罗认为，进博会对于巴西意义非凡，中国市场对高品质产品的需求不断增加，使巴西优质产品有更多机会进入中国家庭。

"中国作为必将坚定各方共同维护多边主义的信心"

"进博会是一个互利共赢的国际合作公共平台。第二届进博会规模更大、参与人数更多，体现了中国进一步扩大开放、与全世界共同发展的承诺和努力。"宜家中国区总裁安娜·库丽佳表示，宜家对中国市场的发展潜力及在中国的发展前景充满信心。

"进博会是中国主动向世界开放市场的重要举措，打造这样一个包容开放的合作平台，让我们感受到中国的广阔胸怀。"现代汽车（中国）投资有限公司常务柳昌昇表示，现代汽车愿为推动中国经济高质量发展作出自己的贡献。

"我们期待习近平主席在主旨演讲中继续传递不断扩大开放的中国声音。在单边主义和贸易保护主义抬头的背景下，中国作为必将坚定各方共同维护多边主义的信心。"第二届进博会墨西哥参展企业代表团团长、墨西哥外贸、投资和技术企业理事会亚太委员会主席李子文认为，举办进博会和共建"一带一路"倡议都是中国进一步扩大开放的重要体现。

"举办进博会凸显中国扩大开放的决心，期待习近平主席提出进一步深化对外合作的举措，让更多非洲国家搭上中国发展快车。"刚果民主共和国国家投资促进署计划与战略部主任皮埃尔·卡尼卡表示，刚果民主共和国矿产、森林、农业和水力资源丰富，刚中两国在经济技术、贸易、投资和基础设施建设等领域具有广阔合作前景。

"希望进一步展开合作，达成更多贸易成果"

"习近平主席在首届进博会主旨演讲中指出，中国不断扩大对外开放，不仅发展了自己，也造福了世界。我对此非常认同。"白俄罗斯工商会企业展览策划公司经理叶甫根尼·维津斯基说，他去年参与组织了白俄罗斯企业参加进博会，今年企业报名更加踊跃，在不同展区共设立了七个展台，希望在去年成交额基础上实现翻番。

"举办进博会为拉美优质产品进入中国市场提供了巨大机遇。"联合国拉丁美洲和加勒比经济委员会国际贸易司司长纳诺·穆尔德说，越来越多高品质、高附加值拉美产品正出口到中国，拉美地区中小企业与中国市场建立起了更多贸易联系。

"首届进博会取得了巨大成功，各参展方都希望进一步展开合作，达成更多贸易成果。"菲律宾贸易和工业部长拉蒙·洛佩斯表示，菲律宾在第二届进博会上的展台面积比去年增加了近一倍，从一个侧面印证菲律宾对进博会和菲中贸易的重视。

土耳其伊斯坦布尔化学品及化工产品出口商协会董事会主席阿迪尔·佩利斯特表示，中国是土耳其重要的出口市场，土耳其工商界把进博会视为推动更多土耳其产品进入亚太市场的重要平台。

"感谢中国敞开胸怀举办进博会"，埃及贸工部出口发展局局长谢里夫表示，埃及将抓住进博会的机遇，让更多埃及优质产品装进中国消费者的"购物车"，推动两国经贸关系进一步深入发展。

"进博会是非常重要的贸易平台，我国水产企业和其他企业都充满期待。"委内瑞拉水产出口商、虾业协会主席隆亚米萨尔说，希望通过进博会扩大知名度，争取达成更多采购协议。

莫桑比克工业和贸易部常务秘书玛利亚·平托表示，进博会为莫桑比克产品扩大在中国市场的影响力，促进更加便捷和多样的经贸往来提供了重要机遇。

（本报记者单崇瑞、王芳、李锋、暨佩娟、陈尚文、王慧、王骁波、韩晓明、曲颂、刘文波、周小苑、林芮、李晓骁、赵益普、王传宝、黄培昭、张卫中、吕强）

国务院第六次大督查肯定各地推进"六稳"取得积极成效——

三十二项典型经验做法受表扬

新华社北京11月4日电　为进一步激发和调动各地区、各部门锐意进取、改革创新的积极性、主动性和创造性，推动形成善于破解难题、勇于干事创业的良好局面，国务院办公厅日前发出通报，对国务院第六次大督查发现的32项典型经验做法给予表扬。

通报指出，为进一步推动中央经济工作会议部署和《政府工作报告》提出目标任务的贯彻落实，国务院部署开展了第六次大督查。从督查情况看，各有关地区在以习近平同志为核心的党中央坚强领导下，以习近平新时代中国特色社会主义思想为指导，认真落实党中央、国务院重大决策部署，求真务实、攻坚克难，统筹推进稳增长、促改革、调结构、惠民生、防风险、保稳定各项工作，加大"六稳"工作力度，各项工作取得积极成效。

此次通报表扬的典型经验做法共32项，涉及实地督查的16个省（区、市）。

——在减税降费方面，内蒙古自治区推行：税服务平台便捷服务纳税人；海南省构建减税降费风险统筹应对体系强化风险防控；云南省多措并举有效降低企业用电成本；宁夏回族自治区宁东能源化工基地聚焦重点降成本促进实体经济发展。

——在稳定和扩大就业方面，天津市打造职业教育高水平聚集园区助力经济社会发展；山西省运城市实施"凤还巢"计划服务在外务工创业人员；山东省推出"组合拳"夯实就业基础。

——在深化"放管服"改革优化营商环境方面，辽宁省推进不动产交易登记一体化改革利民利企；江西省打造"赣服通"平台实现政务服务事项"掌上办"；广西壮族自治区南宁市推进"互联网+不动产登记"改革构建智能服务新体系；贵州省统筹"一云一网一平台"建设提升"一网通办"效能；甘肃省兰州市推行"四办四清单"制度提升服务水平。

——在推进创新驱动发展方面，山东省青岛蓝色硅谷核心区打造开放创新合作平台提升科技支撑能力；重庆市探索知识价值信用贷款改革打开科技型企业轻资产融资之门；四川省探索职务科技成果权属改革打通科技与经济结合通道。

——在合理扩大有效投资方面，天津市加强财政开源节流保障重点项目实施；吉林省吉林市发展"冰雪经济"促进产业转型升级；安徽省以"四送一服"双千工程为抓手破解企业发展难题；重庆市对接"项目池"与"资金池"创新政府投资对接平衡机制。

通报强调，各地区、各部门要坚决贯彻落实党中央、国务院决策部署，坚持稳中求进工作总基调，坚持新发展理念，坚持推动高质量发展，坚持以供给侧结构性改革为主线，坚持深化市场化改革、扩大高水平开放，学习借鉴典型经验做法，认真履职尽责，强化责任担当，抓深抓实抓细抓好各项工作，力戒形式主义官僚主义，保持经济持续健康发展和社会大局稳定，确保完成全年经济社会发展主要目标任务，为实现"两个一百年"奋斗目标和中华民族伟大复兴的中国梦作出新的更大贡献。

中央宣传部、应急管理部

发布"最美应急管理工作者"先进事迹

本报北京11月4日电　为深入贯彻习近平总书记关于安全生产、防灾减灾救灾、应急救援等应急管理重要论述精神，加强思想引领，加强队伍建设，激励应急管理系统广大干部职工和应急救援队伍不忘初心、牢记使命，勇立潮头、担当作为，在全社会营造关心支持应急管理事业改革发展的浓厚氛围，11月4日，中央宣传部、应急管理部在北京向全社会公开发布2019年"最美应急管理工作者"先进事迹。

鄢翔、丁良浩、侯正超、肖文儒、张之峯、王企庆、张应参、魏丽萍、上海市消防救援总队黄浦区支队东站中队、内蒙古森林消防总队大兴安岭支队奇乾中队、福建省地震局地震预警工作团队等"最美应急管理工作者"个人和集体，来自防震减灾、煤矿安全监察、安全执法监督、消防救援、森林消防等应急管理系统各单位各部门。他们有的闻令而动、夙夜奋战，在地动山摇的第一线勇挑新时代应急管理重担；有的面对生死考验，逆向而行，用血肉之躯勇闯刀山火海；有的赓续红色血脉，传承红色基因，始终保持冲锋在前的"无我"状态；有的数十年如一日扎根莽莽原始森林，守护绿水青山；有的默默奉献，无悔付出，在祖国"心脏"地带护佑民族文化瑰宝；有的铁面无私、秉公执法，倾心守护煤矿工人生命安全；有的呕心沥血、殚精竭虑，辛勤耕耘在安全监管执法一线。他们身上，集中体现了坚守初心使命、永葆对党忠诚的政治品格，心系群众安危、一切为了人民的公仆情怀，敢于赴汤蹈火、不怕流血牺牲的革命精神，立足本职岗位、极端认真负责的务实作风，以救民于水火、助民于危难、给人民以力量的实际行动，生动展现了新时代应急管理队伍极端认真负责、甘于牺牲奉献、勇于担当作为、善于开拓创新的时代风采和精神风貌。

发布仪式现场播放了"最美应急管理工作者"个人和集体的先进事迹视频短片，从不同侧面采访讲述了他们的工作生活感悟。中央宣传部、应急管理部相关负责人为他们颁发"最美应急管理工作者"证书。

参加发布仪式的应急管理工作者代表表示，要以更加高昂的斗志、更加饱满的热情、更加过硬的作风，撸起袖子干，挥洒汗水拼，始终做新时代长征路上的不懈奋斗者，争创一流业绩，争当应急先锋，永远做党和人民的忠诚卫士，奋力开创新时代应急管理事业改革发展新局面。现场观众表示，"最美应急管理工作者"事迹感人，催人奋进，生动体现了"幸福源自奋斗、成功在于奉献、平凡造就伟大"的价值理念，展示了对党和人民的无限忠诚，展现了同人民风雨同舟、生死与共的精神，践行了保民平安、为民造福的初心使命，是竭诚为民、无私奉献的表率。

本版责编：张彦春　刘涓溪　吴　凯

进博会看点

进博会新闻中心正式启用

约4300名中外记者采访盛会

本报上海11月4日电　（记者谢卫群）第二届中国国际进口博览会将于11月5日至10日在上海举行。4日，进博会新闻中心正式启用，参加进博会报道的中外记者约4300人，其中境外记者近900人。

第二届进博会新闻中心总面积约13500平方米，设有咨询服务区、媒体公共工作区、媒体专用工作区、广播电视技术服务区、采访室、新闻发布厅、媒体餐饮休闲服务区等多个功能区域，为中外记者提供专业、高效、便捷、温馨的服务。其中，媒体公共工作区可同时容纳450名记者工作。新闻中心还设有不同规模的3间发布厅，将在进博会期间举行各类新闻发布会。

进博会新闻中心首次为媒体提供基于5G网络传输信号的体验服务。媒体记者在展馆内采访时，现场采访信号可通过5G网络实时回传，供后期编辑制作，还可用网络推流或卫星传送方式进行直播报道。

沧州惠民展演世界杂技精品

11月3日，来自埃塞俄比亚的演员在表演《蹬技》。当日，第十七届中国吴桥国际杂技艺术节沧州会场世界杂技精品惠民展演在河北省沧州市体育馆举行。中国吴桥国际杂技艺术节创办于1987年，每两年举办一届，是我国杂技艺术领域举办历史最长、规模最大、影响最广的国家级艺术赛事和文化节庆活动。

新华社记者　牟　宇摄

四川凉山扎甘洛教学点支教志愿者谢彬蓉——

"跟孩子们在一起最开心"

本报记者　王永战

从凉山彝族自治州美姑县城驱车近3小时，沿着湿滑的盘山路跋涉，旁边是数百米深的悬崖峭壁，前方是一个个急转弯，让每一个初来扎甘洛的人不禁心头一紧……而重庆籍支教志愿者谢彬蓉（上图右，资料图片），在这儿一待就是4年多。

谢彬蓉第一次来时，也被吓得不轻。村支书吉克古克回忆：当时通向教学点的路还是土路，一路颠簸，谢彬蓉有些受不了，最后只好下车徒步走上来。住在1975年建的土坯房子里，家里时常断电，用的水还需要到村民家挑回来，谢彬蓉就这样开始了在扎甘洛的支教生活。

这并不是她第一次支教。当兵20年，在部队已是高级工程师的谢彬蓉，2013年退役后选择了自主择业。2014年，她来到了凉山州西昌市一所民办彝族学校支教。为了改善学校办学条件，谢彬蓉筹集两万多元，帮助学校新建教室。谢彬蓉还和其他老师一起努力，帮助120多个失学的孩子进入公办学校学习，并进行了学籍登记。

由于条件艰苦，在谢彬蓉来扎甘洛之前的20多年时间里，学校已换了18位老师，很少有人能扛得过两年。吉克古克当时也想："不知这位谢老师能待多久？"

然而，谢彬蓉没有退缩。她一直以参加过抗美援朝战争的父亲为荣，她自己以前也曾在内蒙古服役。经受了风吹日晒、干旱缺水的她，反而觉得，"这大美凉山，植被茂密、草木丰盛，宜居嘞！"

但村里的教育条件，还是让她倍感压力。"六年级的学生，有的连一句完整的普通话都讲不出来。"谢彬蓉看在眼里，急在心里。

当时，有一个女孩经常逃学去放羊。谢彬蓉带着一个"翻译"去女孩家里做家长的思想工作。"这孩子如果不读书太可惜了，读了书将来才会有出息。"谢彬蓉苦口婆心的劝说终于打动了家长。

教学中，谢彬蓉很注重培养孩子们讲礼貌、守规矩的意识。"只有养成良好的行为习惯，孩子们才会有更好的精神面貌。"如今，孩子们都养成了见面问好的习惯，逃学的孩子也没有了。

今年暑假，谢彬蓉在家自学了第三套全国小学生广播体操。新学期一开始，她便带领孩子们做起了新体操。谢彬蓉还不时带领孩子们外出写生，小家伙们用心描绘着美丽的风景。

每天早起打扫卫生，上完一天的课还要备课、写日记。谢彬蓉总说："时间太紧了，总感觉事情干不完。"山里海拔高、紫外线强，还为那么多孩子操心，今年48岁的谢彬蓉白发丛生，脸上皮肤干红，但却始终乐观。曾有人问她："你一个人来到这深山里，苦不苦？""我当过兵，不怕苦！"谢彬蓉如是说。

支教多年，谢彬蓉和她教过的孩子们保持着密切的联系。"刚来支教时，有小孩家里困难，我就和朋友资助了4个学生，给他们交了住宿费，提供了生活补助。"如今，谢彬蓉的学生有的去了职业学校读书，很多升了初中和高中。

"这几年我们这里变化特别大""最难忘的是谢老师帮助我的事"……孩子们的作文里写满了对谢老师的热爱和对美好生活的向往。得知自己帮助过的女孩在初中考了班里第一，谢彬蓉特别开心，她鼓励孩子要好好学习，特别强调："英语一定要大声读出来！"

女儿在上海，丈夫在重庆，谢彬蓉和家人长期分离。她只能像候鸟一样，到了寒暑假才回家。"虽然有些奔波，但跟孩子们在一起最开心。"谢彬蓉说，让她尤为高兴的是，这两年村里孩子们的成绩越来越好。

每周一学校要举行升旗仪式，这是教学点一周最为庄严的时刻。身穿校服的孩子们排着整齐的队伍，向国旗敬礼。一阵风吹过，五星红旗又一次飘扬在教学点上空……

德耀中华

中央广播电视总台： 11月4日，《新闻直播间》播出《2019年“最美应急管理工作者”先进事迹发布 8名个人3个集体当选 讲述工作感悟》报道。11月5日，《新闻30分》重播。

《光明日报》： 11月3日，第3版推出《危急时刻，他们永远冲锋在前—— 聚焦2019年“最美应急管理工作者”称号获得者》通讯报道；11月5日，第4版推出《中央宣传部　应急管理部联合发布2019年“最美应急管理工作者”先进事迹》报道，第8版推出《在危机和灾难面前，他们勇敢前行——2019“最美应急管理工作者”发布仪式侧记》通讯报道。

光明日报　要闻 03

把握优势 不懈奋斗 努力推进国家治理体系和治理能力现代化

推动各方面制度更加成熟更加定型

——论深入学习贯彻党的十九届四中全会精神

纪录片《习近平治国方略》希腊首播仪式成功举办

危急时刻，他们永远冲锋在前

——聚焦2019年“最美应急管理工作者”称号获得者

04 要闻　光明日报

在第22次东盟与中日韩领导人会议上的讲话

中央宣传部　应急管理部联合发布2019年“最美应急管理工作者”先进事迹

08 综合新闻　光明日报

福建漳州：入眼即是一片翠绿

在新时代的生动实践中推动道德养成

人民好卫士姚次会

在危机和灾难面前，他们勇敢前行

中国日报中文网： 11月2日，转载《英雄，在我们身边！——致敬“最美应急管理工作者”》报道；11月5日，转载《中央宣传部、应急管理部联合发布2019年“最美应急管理工作者”先进事迹》报道。

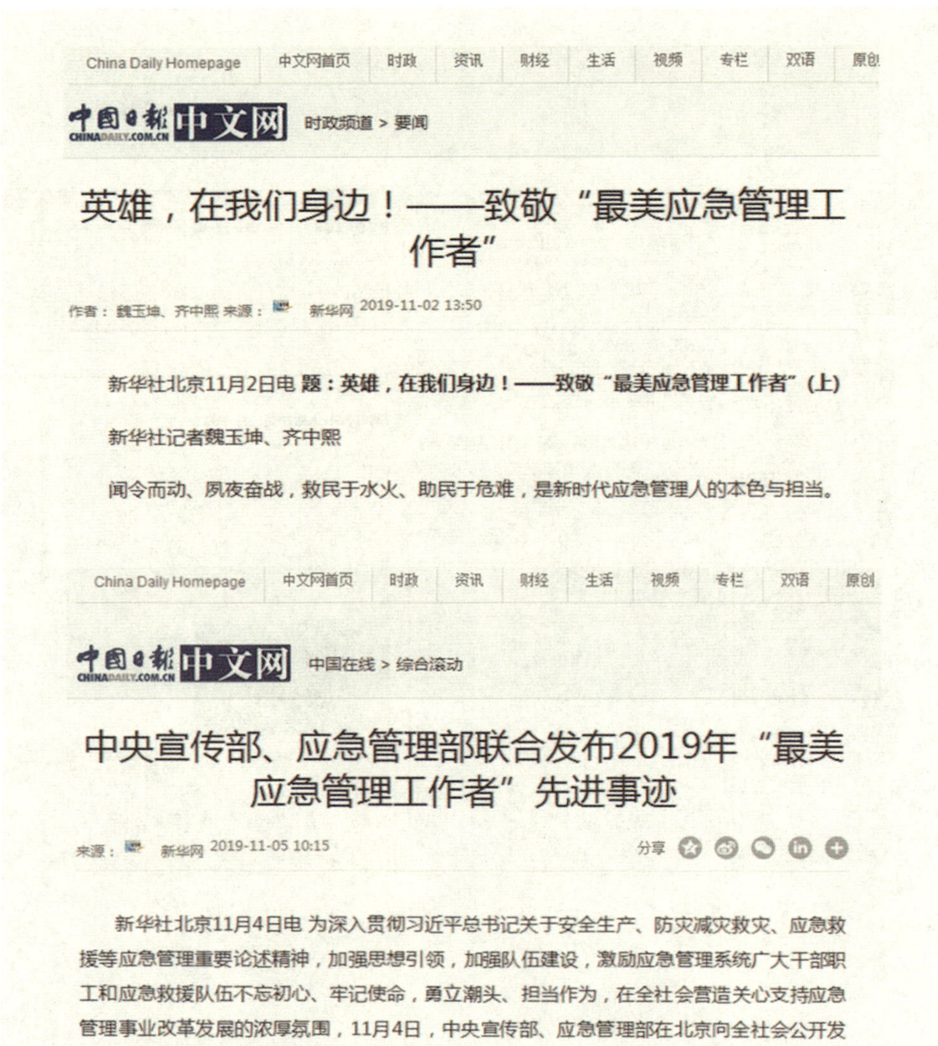

China Daily Homepage | 中文网首页 | 时政 | 资讯 | 财经 | 生活 | 视频 | 专栏 | 双语 | 原创

中国日报 CHINADAILY.COM.CN 中文网 时政频道 > 要闻

英雄，在我们身边！——致敬“最美应急管理工作者”

作者：魏玉坤、齐中熙 来源：新华网 2019-11-02 13:50

新华社北京11月2日电 题：英雄，在我们身边！——致敬“最美应急管理工作者”（上）

新华社记者魏玉坤、齐中熙

闻令而动、夙夜奋战，救民于水火、助民于危难，是新时代应急管理人的本色与担当。

China Daily Homepage | 中文网首页 | 时政 | 资讯 | 财经 | 生活 | 视频 | 专栏 | 双语 | 原创

中国日报 CHINADAILY.COM.CN 中文网 中国在线 > 综合滚动

中央宣传部、应急管理部联合发布2019年“最美应急管理工作者”先进事迹

来源：新华网 2019-11-05 10:15 分享

新华社北京11月4日电 为深入贯彻习近平总书记关于安全生产、防灾减灾救灾、应急救援等应急管理重要论述精神，加强思想引领，加强队伍建设，激励应急管理系统广大干部职工和应急救援队伍不忘初心、牢记使命，勇立潮头、担当作为，在全社会营造关心支持应急管理事业改革发展的浓厚氛围，11月4日，中央宣传部、应急管理部在北京向全社会公开发布2019年“最美应急管理工作者”先进事迹。

附录二

国务院新闻办公室就“为了人民的安全”举行中外记者见面会

国务院新闻办公室于2019年8月20日15时举行中外记者见面会，应急管理系统先进典型代表围绕“为了人民的安全”与中外记者见面交流，中国网现场直播。

一、中外记者见面会文字实录

国务院新闻办新闻局　寿小丽：

女士们、先生们，大家下午好！欢迎出席国务院新闻办中外记者见面会。我国幅员辽阔，地大物博，但同时自然灾害也多发、频发，应急管理工作与人民群众生命财产安全息息相关，应急管理部组建以来，有力、有序、有效应对了一系列重大灾害事故，切实保障了人民群众的生命财产安全。生活中的岁月静好，皆因有人为你负重前行，人民群众幸福安全的背后离不开应急管理系统一线工作者的默默坚守。今天我们很高兴邀请到五位应急管理一线先进代表与大家见面，围绕"为了人民的安全"与大家互动交流。下面请允许我向大家逐一介绍。他们是：北京市消防救援总队天安门支队故宫特勤中队政治指导员蔡瑞先生，山东煤矿安全监察局鲁东监察分局副处级监察专员张在贵先生，上海市应急管理局安全生产执法监察处主任科员张之鉴先生，中国地震应急搜救中心培训部副主任王念法先生，四川省森林消防总队特种救援大队三中队代理排长侯正超先生。欢迎五位的到来，下面我们有请五位逐一向大家作一个自我介绍。

首先有请蔡瑞先生。

蔡　瑞：

大家好，我叫蔡瑞，今年35岁，现任职于北京市消防救援总队天安门支队故宫特勤中队政治指导员。我所在的故宫特勤中队驻守在离祖国心脏最近的地方，主要担负着以故宫为中心，天安门周边地区防火灭火、反恐处突和应急救援任务，由于地理位置特殊，使命任务特殊，我来到中队之后与中队的指战员先后完成了APEC会议、抗战胜利七十周年阅兵、“一带一路”国际合作高峰论坛、党的十九大以及每年“两会”等重大安保近千余场次的消防勤务工作，同时作为民族瑰宝的守护者，我们把故宫划分为十大保护区域，建立了联勤联动防火机制，确保了故宫消防的绝对安全。

从事消防工作16年以来，我先后参加了怀柔氰化氢有毒气体泄漏事故、石景山衙门口桥液化石油气泄漏事故处置等灭火救援任务千余起，荣立个人二等功2次、三等功4次，今年6月25日，我被评为第九届全国“人民满意的公务员”。这份荣誉属于故宫中队，更属于全国消防救援队伍的战友们。我将始终秉承“没有战功就是最大战功”的信念，坚守在祖国的心脏，永做党和人民的“守夜人”，谢谢大家。

寿小丽：

故宫是世界文化最璀璨的瑰宝，确保故宫的消防安全责任重大，使命光荣，谢谢蔡指导员。下面有请张在贵先生作介绍。

张在贵：

各位记者朋友，大家好，我叫张在贵，来自山东煤矿安全监察局鲁东监察分局。我1990年毕业于山东矿业学院采矿专业，先后在肥城矿务局下属煤矿、矿务局通防处工作。2000年底进入山东煤监局工作至今。

今年是我国煤矿安全监察体制建立20周年，20年来，全国煤矿的死亡事故由每年近三千起降至二百多起，死亡人数由每年近六千人降至三百多人，这些成绩的取得，煤监机构发挥着重要作用。但是我们的工作可能大家并不熟悉，作为一名煤矿安全监察员，数百米乃至上千米的漆黑井下，是我的战场，保护矿工的生命安全是我的使命，“安全就是责任”是我永远不变的信条，谢谢大家。

寿小丽：

十几年来，张专员三千多次下井，井下的行程已经可以绕地球一圈，感谢张专员默默地付出。下面有请张之崟先生作介绍。

张之崟：

各位媒体朋友们，大家好，我叫张之崟，2008年硕士毕业以后参加工作，现在上海市应急管理局安全生产执法监察处从事危险化学品监管执法工作。我是一名普通的安全生产执法人员，但同时我又肩负着三重责任。

第一重责任，我来自全国改革开放排头兵创新发展先行者的上海，在安全生产执法的本职岗位上，需要更加奋发有为、开拓创新。近年来，我陆续编写了《上海市企业安全风险分级管控实施指南》《上海市安全生产监督检查事项分类表》等一系列可复制、可推广的实操手册。目前我正致力于移动执法终端和执法音视频全过程记录等方面的推广应用。

第二重责任，我所在的上海市应急管理局安全生产执法监察处尽管是一个省级机关部门，但面向基层一线的微观执法仍然是我们的一项重要工作。近年来，我跑遍了全市所有的危险化学品生产储存企业，在此基础上，有针对性地部署开展并圆满完成了全市石油化工企业、石油库、油气罐区、油气输送管道、危险化学品仓库、危险化学品气柜等一系列安全隐患专项整治任务。

第三重责任，作为一名党和组织培养多年的八零后，我必须勇挑重担，迎难而上，在学中干，在干中学，努力使自己成为安全管理、设备、工艺、仪表、设计等各个方面的行家里手，力争将安全生产的法律法规、规范标准等都铭记于心，以自己的专业精神言传身教，带动企业安全意识迸发，带动基层执法能力提升。感谢各位。

寿小丽：

张之鉴在工作中查处的每一项违法行为和安全隐患，都为人民群众的生命财产安全增添了一份保障，谢谢张之鉴。下面有请王念法先生作介绍。

王念法：

大家好，我叫王念法，今年39岁，我来自中国地震应急搜救中心。1998年，我从山东菏泽农村老家志愿参军。在8年的军旅生涯中，我曾多次参加重大的自然灾害应急救援，从那时起，我心中就种下了要成为职业救援队员的种子。2001年我转业加入了国家地震灾害紧急救援队，2006年光荣地成为中国地震应急搜救中心的首批教官。

入队18年来，我一直奋战在重特大地震和其他自然灾害应急救援第一线。十多年来，我曾参加过四川汶川、青海玉树、甘肃舟曲以及阿尔及利亚、巴基斯坦，印尼海啸以及伊朗巴姆还有海地等十多次国内外地震救援。在这么多次救援过程中，感受最深的是，人的生命是最可贵的。特别是2013年四川芦山发生地震，指挥部命令我带领一个搜救小组前往天全县小河乡去搜索一名失踪养蜂人，当时我就想，如果能用我的生命来换取更多生命的生还，我将义无反顾。我一直觉得，我是党员我先上，不光是靠嘴上说的，而是用真正的实际行动去证明的。谢谢大家！

寿小丽：

王教官用他丰富的救援经验和过硬的救援本领给地震灾区受困者带去了生的希望。谢谢王教官。

下面有请侯正超先生作介绍。

侯正超:

各位记者朋友，大家好，我叫侯正超，2006年12月从重庆万盛入伍，现任四川省森林消防总队特种救援大队三中队代理排长。13年前，作为一名山里娃，我走出了只有39户人家的小山村，带着全村父老的期望和嘱托，来到森林部队当兵。一开始，并不顺利，下队后，五公里不及格，器械上不去，四百米障碍过不了。出任务时，自己还被安排在营区留守。从此，不服输的我下定决心健身，精武强能，每天和战友加练长跑，直到衣服被汗水全部湿透，每天加练俯卧撑，每天加练器械，直到手掌被磨出血泡和老茧。在我印象中比较深刻的是，由于训练强度太大，很多时候下楼梯只能手拉着扶手退着走，吃饭时手抖得连菜都夹不稳。功夫不负有心人，在后来自己参加的各级军事比武中，夺得了6次全能第一，8个单项第一的优良成绩，并打破了森林队伍400米障碍纪录，先后荣立2次二等功、3次三等功，荣获全军优秀共产党员、第四届绿色卫士等荣誉称号，更是作为森林部队唯一的一名党代表参加了党的十九大。13年来，我先后参加了140多次森林火灾扑救任务，参加汶川、芦山、宜宾长宁抗震救灾等任务。回顾自己的成长历程，作为新时代青年我们生逢其时，重任在肩，只有紧跟时代步伐，不忘初心，奋力前行，才能不负时代不负国，不负青春不负己。谢谢大家!

寿小丽:

谢谢侯排长，侯排长用13年的青春与坚守，践行了为民平安的誓言。感谢五位的介绍，下面我们就进入答问环节，我相信各位记者朋友们也有很多问题要与台上五位进行交流，下面开始提问，提问前还是请通报一下所在的新闻机构。

中央广播电视总台央视记者：

刚才听到了各位的介绍，都是在自己的岗位上默默工作了多年，能给我们介绍和分享一下你们有没有一些比较难忘的经历和印象深刻的事情？

蔡 瑞：

从事消防工作16年的时间里，无数次战斗让我明白，作为一名消防员，我们消防队伍的使命就是为群众谋平安，为人民幸福挥洒热血，为国家富强保驾护航。我来到故宫以后，看到雄伟的宫殿，美轮美奂的文物瑰宝，我的内心也油然地升起一种民族自豪感。让我印象最为深刻的是，今年2月19日故宫举办“紫禁城上元之夜”，这是故宫第一次在夜间开放，我们为了故宫的美，全员上勤，将成百上千花灯一一检查，排除了险情，化解了隐患。在我们的坚守下，上元之夜的故宫绽放出让世界震撼的壮丽美景。作为故宫消防安全的守护者，这既是历史的责任，更是个人的使命。所以我们不论面对什么样的困难，都必须确保故宫消防安全万无一失。谢谢大家。

张在贵：

我刚进煤监队伍的时候，辖区煤矿发生重大煤层爆炸事故，爆炸现场让我震惊，井下多处巷道被摧毁，空气中处处弥漫着刺鼻的异味，矿灯、胶靴还有矿帽随处可见。正在井下作业的工人、干部突然之间遭受了灭顶之灾，一些鲜活的生命瞬间消逝，不少家庭从此支离破碎，这些家庭失去儿子或者失去丈夫，或者失去父亲，这些悲痛一直在弥漫在矿井上空。不少人因为悲恸而晕厥，我看在眼里，痛在心里，现在想起来也非常难受。我经常在想，对这些矿工来说，高高兴兴上班去，平平安安回家来，难道这个愿望高吗？过分吗？既然进了煤监门，我就暗下决心，保护矿工兄弟生命，这是我义不容辞的责任。所以每次下井我都要认认真真地查、认认真真地看，不放过任何蛛丝马迹，不放过任何漏洞，把隐患消灭在萌芽状态，保护矿工的生命。为矿工的生命做出我们的贡献，是我们煤监人的责任。谢谢大家。

侯正超：

13年来，让我记忆犹新和终生难忘的是，2017年10月18日，作为党代表在人民大会堂亲眼见证了举世瞩目的党的十九大开幕盛况，全程聆听了党的十九大报告。作为一名基层党代表，学习好、践行好、传播好党的十九大精神，既是职责所系，也是使命所在。开完会回到四川后，首先在总队机关以电视电话会的形式进行了视频宣讲，随后又辗转几千公里，深入到各基层大中队，深入到任务一线，深入到各个执勤点，面对面向战友们宣讲。随着自己宣讲次数越多，我越能够体会到其中的思想精髓和核心要义，自己也越受教育和启发，感到震撼和触动。

去年，我们脱下橄榄绿，穿上火焰蓝，成为了国家综合性消防救援队伍，作为新时代消防救援队伍建设的第一代创业者和参与者，我将继续承担起十九大代表的光荣职责，以习近平总书记重要训词精神为指引，努力练就过硬本领，时刻保持备战状态，在党和人民需要的时候刀山敢上、火海敢闯，以自己的实际行动当好忠诚卫士，守护好祖国和人民的幸福安宁。谢谢大家！

王念法：

我跟各位媒体记者朋友说一下，我最难忘的还是地震救援，地震之后房倒屋塌，我最难忘的是海地国际救援。2010年1月，海地发生7.3级强烈地震。其中我国125人正在海地执行国际维和任务，其中8名维和人员在地震发生后和外界失联。这时候党中央、国务院命令我们中国国际救援队第一时间乘包机赶赴海地执行国际人道主义救援任务。我们到了海地之后，他们当地政府要求我们在联海团开展救援任务，联海团是联合国驻海地代表团。当时我们到了现场之后，首先和先遣队的同志勘查现场，并制定了一整套完善的营救方案，这是一个地上七层、地下三层的钢筋混凝土的建筑。我们确定大概位置后，首先派了搜救犬进行了地毯式搜索，当时我们想只要有百分之一的希望，就会尽百分之百的努力去搜救。我们开始搜救的情况是，横梁交错，楼板重叠，墙体呈粉碎状夹杂在中间，还有大小的钢筋，有的扭曲，有的像鱼网状层层包裹。当时我们全体队员经过48小时的奋战，打破、凿通了六层横梁和预制板。当我们清理废墟的时候，突然发现一个相机，这个相机我打开一看，原来是我们深圳生产的。这种情况我们也不愿意看到，但是我们忍着心中的疼痛，因为我们找到了尸体。特别是在海地救援过程中，我们克服了交通、天气等各种困难，特别是在天气炎热的情况下，我们全体队员总共奋战了三天两夜，最终成功找出了8名维和人员和5名联合国的工作人员的遗体。通过这次救援，充分展示了中国作为负责任大国的形象。谢谢大家！

张之崟：

前面几位代表和大家分享的都是难忘的一件事。我和大家分享的是我最难忘的一个人，他是一位活跃在上海化工区的耄耋老人，曾经他是化工企业一位资深的老工匠，上海石化的朱沧生老先生。我和老先生结识是在2011年底，那时我刚刚开始从事危险化学品监管执法工作，当时我对口上海化学工业区。但是我每到一家企业，都会遇到老先生的身影，当年他已经是80岁的高龄，但是仍然爬上几十米高的芳烃装置和几万立方米的油气储罐，仍然深入光气、氯气等高毒气体的作业场所，凭着自己积累一辈子的安全生产经验，来义务指导、服务其他企业的安全生产工作，老先生的这种敬业奉献精神和安全意识深深地感染了我。其实，在我们安全生产执法的岗位上，有太多常年默默奉献在基层的老同志，有太多常年义务指导企业的老专家，和他们相比，我作为一名年轻人，作为一名本职工作岗位就是危险化学品监管的人民公仆，我觉得我还有什么理由去碌碌无为、漠视生命？还有什么理由能够松懈倦怠、瞻前顾后？还有什么理由辜负党的期望、人民重托？这几年，我在现场遇到老先生的机会越来越少了，但是我在心中也在默默念，我作为一名年轻人，我要传承好、发扬好老一辈的无私奉献精神，扛过安全生产事业的大旗，为人民群众的岁月静好而负重前行。感谢各位。

人民日报记者：

这个问题想请问张之崟先生，您一直工作在安全生产执法一线，危化品又是一个很专业的领域，您在执法检查过程中是怎样发现那些看不见的风险的？能给我们介绍一下吗？谢谢。

张之崟：

感谢记者的提问。我常年工作在危险化学品监管执法第一线，其实发现隐患在于自己的心态，我自己最大的体会就是把平凡的事做好就是不平凡，把简单的事做好就是不简单，没有事故就是我们最大的成绩。城市的安宁，百姓的平安，就是我们应急管理人的初心和使命。

刚刚记者朋友提到怎么样在现场发现隐患问题，我也给大家分享一个我自己经历的一次执法检查。那是在2018年，我对一家化工企业开展专项检查时发现氯乙烯湿式气柜经过14年的运行，壁厚出现了严重的安全隐患。跟大家介绍一下，什么是氯乙烯湿式气柜，简单地说，就像一个钟罩，反扣在一脸盆水当中，用水来封住钟罩内的空间，用于储存高毒气体氯乙烯。我的一个简单的询问打开了突破口，“水的pH值是多少？你们平时检测吗？”企业的负责人一脸茫然。其实他忽视了，起水封作用的水已经呈现了弱酸性。大家可想而知，泡在弱酸环境当中的钟罩经过14年的运行，腐蚀的情况又是怎么样的。带着这个问题，我也问到了企业，得到的答案是，因为这个不属于压力容器特种设备，没有强制检测的要求。在我强烈的要求下，企业进行了检测，钟罩当中最薄的地方只有4.3毫米。我立刻翻看了当时的设计图纸，图纸上写着设计的厚度是6毫米，设计的裕度是2.0毫米，设计壁厚是6.0毫米。如果钟罩的薄度低于4.0毫米，氯乙烯气体就会击穿钟罩，发生泄漏，造成事故。其实在不经意间，在没有任何人发现的情况下，14年间，大家可以算一下，钟罩是以每年约0.12毫米的速度被腐蚀。如果不是这次检查当中及时发现，再过两年，很有可能又是一起重大事故。通过这个例子，我想和大家分享的是，我们安全生产执法就是这样的平凡而重要，我们希望通过自己每一次平凡而重要的检查，能够唤醒全民的安全意识，对企业有一个安全意识的再教育、再培训。感谢记者的提问。

寿小丽：

张之鉴的工作是非常专业的工作，需要专业的知识和专业的精神。我们继续进行提问。

光明日报记者：

救援行动就是与时间赛跑，在地震灾区也经常会面临着余震等各种各样的危险，我想问一下王念法教官，您能否为我们讲述一下，在您历次参加的救援行动当中，哪次救援行动是最危险、最紧张的？

王念法：

地震救援就是和死神赛跑。我们每次地震救援都是紧急、快速、第一时间到达灾区。印象最深的还是2015年尼泊尔地震救援，当时发生8.1级特大地震，党中央、国务院第一时间派救援队到达了加德满都，当时我们是第一个到达加德满都的重型救援队。到了之后，首先是当地政府让我们去一个酒店实施营救，这个酒店是七层建筑物。地震之后，五层坐下去，还有两层在上面摇摇欲坠。当时我们看到现场之后，首先制定了一个营救方案，先是垂直往下凿破，凿到原来的一层，幸存者还距离我们有三米的距离，有两个墙体相依靠，我们只能匍匐往里掘进。但是在掘进过程中，我们还要做好支撑，防止二次坍塌。

我们通过一系列破拆、移除，打开了通道，接近受困者。我正准备给受困者绑止血带，这时候余震来了，废墟瓦砾往下塌落，受困者发出尖叫。我一看，首先要安抚他的情绪，情绪一定要平稳。我又想，因为语言不通，不停地说："OK、OK"，我安抚他，让他冷静冷静，但他一直嗷嗷叫。通过几分钟，受困者慢慢冷静下来。受困者的期望是快点从废墟中被安全救出，我们永远把安全放在首位。我们在里面与受困者同呼吸、共命运。因为缝隙太小，当时我们经过34小时的营救，让受困者转危为安。当时围观的当地老百姓，成千的人欢呼大喊"谢谢中国！中国第一！"在这次救援过程中，我们让当地老百姓充分感受到中国的大爱、中国的速度、中国的力量。谢谢！

中国新闻社记者：

我们注意到，自应急管理部组建以来，成功应对和处置了一系列重大自然灾害，可以说诸位都是中国应急管理体制改革的亲历者、见证者和参与者。作为该系统中的一员，诸位对未来的工作有哪方面的期许？谢谢。

蔡　瑞：

对我们中队来说，一直以来有自己的期许，明年是我们中队建队50周年，也是故宫建成600年，我们这一代消防人传承着半个世纪以来历届消防指战员的信念，守护故宫平安，我们将用我们的忠诚和坚守，把壮美的紫禁城完整地交给下一个六百年。

张在贵：

我已经干煤矿安全监察工作19年了，这19年来，我几乎走遍了辖区煤矿的每一条巷道，深刻感受到煤炭行业发生的变化。今后我将把对党忠诚的誓言镌刻在地下深处的煤层上，让组织省心，让矿工安心，让家人放心，让共产党员的光辉照亮井下每一条巷道。

张之崟：

对未来我只想说，安全生产工作永远在路上。作为一名安全生产执法人员，我将以全国第九届“人民满意的公务员”这个至高无上的特殊荣耀鞭策自己，继续在做好每一件小事、完成每一项任务、履行每一项职责中见精神、出成绩，实干巧干，防范风险，查处隐患，遏制事故，筑牢生命安全底线，守护千家万户的平安和社会的稳定。谢谢。

王念法：

我作为中国地震应急搜救中心的一名教官，在今后的工作中，我们要充分运用国家地震紧急救援训练基地等相关资源，认真研究国内外相关案例，掌握全方位应急救援的培训理念，努力提升自己各方面知识储备，不怕牺牲，冲锋在前，为我国应急救援事业而不懈奋斗。谢谢。

侯正超：

去年习近平总书记向国家综合性消防救援队伍授旗，并发表了十分重要的训词。习近平总书记重要训词精神为我们这支队伍指明了前进的方向。去年我们森林消防队伍转制成为国家综合性消防救援队伍。转制前，我们主要担负森林防火，为森林资源和重点景区防护执行任务。转制后，我们还要应对抗洪抢险、抗震救灾、山岳救援、泥石流等多类型任务。我想说的是，增强全民的放火意识迫在眉睫，意义重大。我们会为大众更多地普及森林消防知识，让更多的人了解森林火灾的危害，同时也希望保护森林就是保护人类的理念深入人心和家喻户晓。作为国家综合性消防救援队伍，我们全体森林消防指战员一定坚守一代代森林消防人守护祖国绿水青山的初心使命，继续发扬不怕困苦、不畏艰险、不负重托、不辱使命的森林消防精神，坚决完成好党和人民赋予的神圣使命，当好新时代党和人民的“守夜人”。谢谢大家！

中央广播电视总台国广记者：

我的问题是想提给蔡指导员的。据我们了解，明年故宫开放的面积将占比超过80%，游客和开放区域的消防工作压力也会增加。请问，你们有怎么样的应对打算？

蔡　瑞：

谢谢你的提问。建队之初，我们中队老一辈消防员在城墙上设置“瞭望哨”和“火卫岗”，昼夜巡逻，风雨无阻。时至今日，我们仍然延续了故宫从明清时期就有的防火传统，冬凿冰、夏注水、春除草、秋清叶，最大限度地消除火灾隐患，确保危急时刻能够就近取水。

随着故宫开放面积不断扩大，故宫年均游客量已经超过1500万人次，单日游客限流是8万人次。为了故宫消防安全，我们始终坚持“以防为主、防消结合”的思路，协助故宫制定了15个方面106项消防安全管理规定，明确了三级防火责任制，率先在全国文博单位实行“全面禁烟禁火令”。我们也先后推动安装了智能烟感探测器5674个，吸气式火灾探测器113台，并且与岗亭、警卫、安检口等重点部位建立联动机制，确保一处着火、多点响应。同时我们为9046个殿宇宫室“量身定制”了火灾扑救预案，用数字化沙盘推演，开展实战化演练，为故宫消防扣上一个安全防护的“金钟罩”。谢谢大家！

寿小丽：

今天我们的见面会就要结束了，通过他们五位的分享，大家都跟我一样，深切感受到他们五位对应急管理工作发自内心的热爱。应急管理工作接到的经常是急难险重的任务，无时无刻不在与时间赛跑，时常要面对勇气与危险的较量，接受生与死的考验。今天我们从他们的身上深切地感受到应急管理工作的艰辛与不易，也让我们看到他们身上的那份执着与坚定。我们相信，有他们以及他们所代表的应急管理系统工作者的无私奉献和默默坚守，保民平安、为民造福的新时代应急管理事业必将取得新的更大的成绩。今天的见面会就到这里，谢谢五位，也谢谢各位记者朋友们，大家再见！

二、中外记者见面会报道情况

新华网： 8月20日以《为了人民的安全—— 五位应急管理一线代表走进国新办发布会》为题播发通稿。

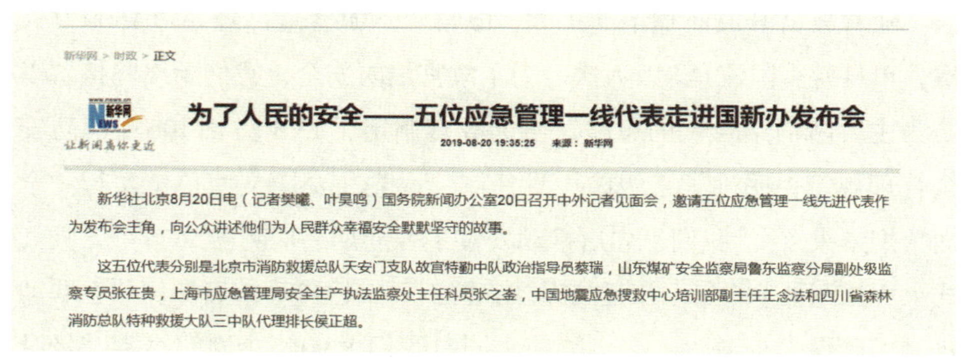

新华网 > 时政 > 正文

新华网 NEWS 让新闻离你更近

为了人民的安全——五位应急管理一线代表走进国新办发布会

2019-08-20 19:35:25 来源：新华网

新华社北京8月20日电（记者樊曦、叶昊鸣）国务院新闻办公室20日召开中外记者见面会，邀请五位应急管理一线先进代表作为发布会主角，向公众讲述他们为人民群众幸福安全默默坚守的故事。

这五位代表分别是北京市消防救援总队天安门支队故宫特勤中队政治指导员蔡瑞，山东煤矿安全监察局鲁东监察分局副处级监察专员张在贵，上海市应急管理局安全生产执法监察处主任科员张之崟，中国地震应急搜救中心培训部副主任王念法和四川省森林消防总队特种救援大队三中队代理排长侯正超。

《人民日报》： 8月21日第6版要闻推出《五位应急管理一线先进代表与中外记者见面—— 保护生命是义不容辞的责任》和《走近故宫守护者》2篇报道。

要闻 6 2019年8月21日 星期三 人民日报

五位应急管理一线先进代表与中外记者见面——

保护生命是义不容辞的责任

本报记者 丁怡婷

"没有事故就是最大的成绩"

"在党和人民需要的时候刀山敢上、火海敢闯，不负青春不负己"

走近故宫守护者

本报记者 丁怡婷

援建45个远程医学站点 覆盖县级以上公立医院

解放军总医院助力西藏健康扶贫

中央和国家机关所属企事业单位警示教育大会召开

中央人民政府网：8月21日转载了《人民日报》推出的《五位应急管理一线先进代表与中外记者见面—— 保护生命是义不容辞的责任》报道。

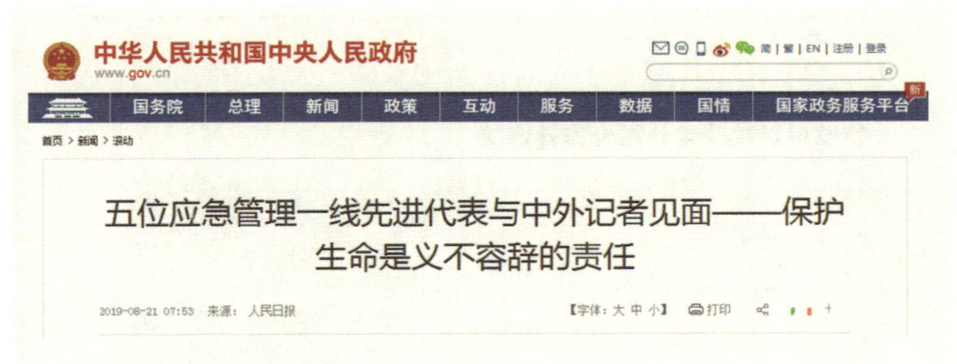

中央电视台新闻频道：8月21日新闻直播间播出《应急管理系统先进典型代表与中外记者见面——基层一线代表分享难忘经历》报道。

《光明日报》：8月21日第4版要闻推出《为了人民的平安——5位应急管理一线先进代表谈坚守和初心》和《最美的逆行》2篇报道。

04 要闻

光明日报

黄坤明会见第十三届中华图书特殊贡献奖获奖外国专家并颁奖

为了人民的安全

——5位应急管理一线先进代表谈坚守和初心

最美逆行者

香港青年创业者：我为什么要在内地工作

“东方之珠”荣光不容玷污

——广大内地青年强烈谴责乱港分子及幕后黑手

《经济日报》：8月21日第3版要闻推出《五位应急管理一线代表走进国新办发布会畅谈感悟——为人民群众幸福安全默默坚守》的报道。

3 | 要　闻　　2019年8月21日　星期三　经济日报

2019世界机器人大会在京开幕

300多位国内外专家和企业家高峰对话

机器人让生活更精彩

看清香港乱局的由来和本质

热点快评

特区政府将构建沟通对话平台 促香港社会走出困局向前发展

林郑月娥：

倾听基层声音、加强深港合作有助于繁荣稳定

香港社会各界：

多国人士谴责暴力分子乱港祸港行为 支持特区政府和警方止暴制乱

五位应急管理一线代表走进国新办发布会畅谈感悟——

为人民群众幸福安全默默坚守

新闻发布厅

《科技日报》：8月21日第3版综合新闻推出《一线代表向中外记者介绍应急管理工作》报道。

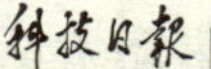

2019年8月21日 星期三
新闻热线：010—58884053
E-mail：zbs@stdaily.com
■责编 胡唯元

ZONG HE XIN WEN 综合新闻 3

天津：智能科技引领高质量发展

佳木斯：昔日“北大荒” 今日“北大仓”

公益课堂 乐享暑假

蜜蜂蝴蝶少了，植物结籽未必减少

科技日报讯（记者赵汉斌）传粉者在生物多样性的维持、陆地生态系统的服务功能和农业生产等方面都发挥着重要的作用。记者从中国科学院昆明植物研究所获悉，该所在植物与传粉者相互关系的百年历史变化研究中取得新进展，研究成果近日在线发表于国际期刊《新植物学家》。

大量的研究表明，在过去百年间，传粉者特别是蜂类的多样性和丰富度存在显著降低趋势，而传粉者降低究竟如何影响野生植物的种子产量仍然缺乏证据。

段元文研究员介绍，前期的调研发现，豆科植物的标本数据是研究种子数量历史动态变化的理想材料。传统的豆科植物分类主要依据花的形态分为三个亚科，在全球传粉者多样性和种类降低的背景下，这三个亚科植物的种子数量应呈不同的时间变化趋势。一个较为合理的假设是，具有专化传粉系统的蝶形花亚科植物的种子数量可能表现出降低的趋势，而具有较为泛化传粉系统的含羞草亚科和云实亚科植物的种子数量可能表现出降低、不变或者增加的趋势。

为检验这一假设，该所杨永平研究员带领的植物基因组演化与基因功能发掘团队与中科院植物研究所、云南师范大学、云南大学和西藏自治区高原生物研究所合作，查阅了2万余份豆科植物标本，记录了每份含果实标本上一个果荚内的种子数量，在经过去除重复、自交物种以及因样本量小而无统计意义的数据后，共获得了109种豆科植物4637个关于种子数量的数据。这些标本最早采于1900年，最新采于2013年，时间跨度超过30年的物种为101个。

统计结果表明，近些年只有13个物种的种子数量有显著变化趋势，其中9个物种的种子数量显著增加；3个亚科植物的种子数量并没有表现出一致的变化趋势，而在蝶形花亚科中，种子数量增加的物种数要高于降低的物种数。

研究表明，在中国，豆科植物与传粉者的相互关系在近年来并没有被严重干扰。研究一方面表明植物与传粉者的相互关系比人们想象得要更加复杂，而另一方面则为如何利用标本数据开展研究提供了一个新的思路。

一线代表向中外记者介绍应急管理工作

科技日报北京8月20日电（记者李艳）我国幅员辽阔，地大物博，但同时自然灾害也多发、频发。在重大灾害事故面前，应急管理系统一线工作者的默默坚守切实保障了人民群众的生命财产安全。20日，国务院新闻办举办中外记者见面会，邀请5位一线先进代表介绍应急管理工作情况。

中国地震应急搜救中心培训部副主任王念法是出席当日见面会的代表之一。18年来，王念法一直奋战在重特大地震和其他自然灾害应急救援第一线。曾参加过四川汶川、青海玉树、甘肃舟曲以及阿尔及利亚、巴基斯坦、印尼、伊朗巴姆以及海地等十多次国内外地震救援。他表示，地震救援就是和死神赛跑。每次地震救援他和同事们都会紧急、快速、第一时间到达灾区。

北京市消防救援总队天安门支队故宫特勤中队政治指导员蔡瑞说，消防队伍的使命就是为群众谋平安，为人民幸福挥洒热血，为国家富强保驾护航。蔡瑞从事消防工作16年以来，曾先后参加了怀柔氰化氢有毒气体泄漏事故、石景山衙门口桥液化石油气泄漏事故处置等灭火救援任务千余起。

其余3位代表分别是，山东煤矿安全监察局鲁东监察分局副处级监察专员张在贵，上海市应急管理局安全生产执法监察处主任科员张之鉴，四川省森林消防总队特种救援大队三中队代理排长侯正超。他们在各自的岗位上“为了人民的安全”始终坚守。

第三次全国残疾预防日主题发布

生态环境部通报——

受罚17次、责任人被拘，这家企业环境违法依旧不改

数字化技术 让千年石窟“活”起来

附录三

主流网站专题报道

一、人民网“新时代应急先锋”

应急管理部新闻宣传司与人民日报社（人民网）联合主办“新时代应急先锋”先进典型主题宣传活动，从8月中旬开始，为期两个月，对2019年70余个先进典型分类别以文字、图片、微视频等多种形式进行专题报道。

为充分发挥先进典型示范引领作用，展现新时代应急管理系统广大干部职工和应急救援队伍的形象风貌，进一步提高应急管理系统的社会知晓度和影响力，在全社会营造关心支持应急管理事业的浓厚氛围，切实保障人民群众生命财产安全和社会稳定，在新中国成立70周年之际，应急管理部新闻宣传司和人民网联合主办的《新时代应急先锋》先进典型主题宣传活动，于2019年9月3日正式推出。

中央宣传部 应急管理部联合发布2019年“最美应急管理工作者”先进事迹

阿里地区应急局普布顿珠：把青春献给高原的安全生产工作

贵州应急厅减灾中心任飞：做好受灾群众的守护人

中国救援队医疗分队长朱伟：走出国门的白衣天使

山西沁源县森林消防大队：赴汤蹈火 步履不停

应急管理·安全生产

国家安全生产应急救援勘测队

为他点赞

国家危化品应急救援中原油田队

国家危险化学品应急救援惠州队

廊坊市应急管理局

中国赴莫桑比克国际救援队

为他点赞

大冶市金湖街道办事处

为他点赞

鄂尔多斯市乌审旗应急管理局

为他点赞

宁波应急局危化品和矿山监管处

为他点赞

聊城市应急管理局

泸州市应急管理局

安宁市应急管理局

信息研究院 刘璐

定西应急局 柳生坠

奉新县应急局 涂和莲

东营港经济开发区安委会 姚建军

佛山市顺德区应急局 李发彬

攀枝花市应急局 蒋耀港

五五工业园区应急救援中心 丁新安

淮安清江浦区应急局 史厚忠

阿里地区应急局 普布顿珠

消防救援·森林消防

湖州市消防救援支队原中队长吕挺烈士

沁源县森林消防大队

消防救援学院无人机遥感侦测分队

北方航空护林总站赴火场工作组

上海消防总队车站中队

重庆消防总队较场口中队

西昌森林消防大队

直升机森林消防支队

大兴安岭地区森林消防支队

为他点赞

南京消防支队方家营中队 丁良浩

为他点赞

郑州消防支队 李隆

为他点赞

南宁消防支队 张章煌

为他点赞

兰州消防大队 党军

为他点赞

保山站航护科副科长 段金刚

为他点赞

成都森林消防大队 侯正超

为他点赞

合肥消防支队 陈三喜

为他点赞

丽江消防支队 杨兵

为他点赞

防震减灾·抗震救灾

中国地震局地质研究所印尼水电项目组

为他点赞

福建地震局地震预警工作团队

为他点赞

地震搜救中心培训部 王念法

为他点赞

广东地震局监测中心 黄文辉

为他点赞

西藏日喀则地震台 欧文东

为他点赞

地震台网中心 蒋海昆

为他点赞

工程力学研究所 王涛

为他点赞

贵州应急厅减灾中心 任飞

为他点赞

煤矿监察·执法为民

嘉兴市安全生产行政执法队

为他点赞

河北煤矿安全监察局

为他点赞

山西煤矿安监局长治分局

为他点赞

西城区西长安街安全生产检查队

为他点赞

太原安全生产监察执法支队 许小刚

为他点赞

上海应急局安监执法察处 张之崟

为他点赞

鲁东监察分局 张在贵

为他点赞

湘潭煤监分局肖丹

为他点赞

鹤滨煤监分局 刘道光

为他点赞

漯河应急局安监执法大队 娄新华

为他点赞

无悔坚守·无私奉献

奇乾森林消防中队

为他点赞

北京消防总队故宫特勤中队

为他点赞

蚌埠蓝天救援队

为他点赞

北海海上搜救志愿者队伍

为他点赞

固原市蓝天救援队

为他点赞

七台河市长兴乡应急办 宋金泽

为他点赞

北京消防总队故宫特勤中队 蔡瑞

为他点赞

重庆大足区金山镇安监办 刘建

为他点赞

二、央视网"应急先锋"

应急管理部新闻宣传司协调央视网《中国梦实践者》栏目开设"应急先锋"专题，遴选具有代表性的16个先进典型，在央视网首页大图位置和要闻区，从7月26日至8月14日进行集中宣传，新华网、今日头条、学习强国、腾讯视频等新媒体平台纷纷进行了转载转发。

张之崟：铸就防护"天网"尽心守卫城市安全底线

不放过任何一个隐患，他是行走在煤矿间的"安全卫士"

作为一名应急人，他不怕"骂声"勇担当

姚建军："铁腕"治隐患、"铁纪"守底线，做好群众"守夜人"

废墟中的"生命使者"尽200%的努力只为1%的希望

为防震减灾工作，他十四年"绕"地球十几圈

红军后代取名为"兵"，他要跟党走、当好兵

倾注一腔真情 守护一方平安 24年锻造一身"硬气"安监人

丁良浩："烈火英雄"永远保持冲锋的姿势

热血守护只为万家幸福 30年如一日 他的身影总是冲锋在前

“火线创新者”张章煌：逆火前行 为消防腾飞插上“科技翅膀”

为故宫守文物，为广场护安全，为人民保平安

多抢救几亩森林！冒直升机极限风速也要“向火而飞”

呵护生命 他一心要搭建出地震中最坚固的堡垒

坚守灭火一线，“烂掉的鞋”在他脚下打磨了上千公里

三、应急管理部官方媒体平台“先进典型风采录”

为充分发挥先进典型示范引领作用，展现新时代应急管理系统广大干部职工和应急救援队伍的形象风貌，应急管理部官方网站从8月中旬到10月中旬，推出“先进典型风采录”专题，对70余个先进典型进行集中报道，部官方微信微博同步更新，以新形象新风貌展现新担当新作为，在守初心担使命中奋力推进新时代应急管理事业。

先进典型风采录
为充分发挥先进典型示范引领作用，展现新时代应急管理系统广大干部职工和应急救援队伍的形象风貌，进一步提高应急管理系统的社会知晓度和影响力，在全社会营造关心支持应急管理事业的浓厚氛围，切实保障人民群众生命财产安全和社会稳定，在新中国成立70周年之际，推出《先进典型风采录》专题，以新形象新风貌展现新担当新作为，在守初心担使命中奋力推进新时代应急管理事业。
应急管理·安全生产
更多
国务院新闻办公室
消防救援·森林消防
更多
防震减灾·抗震救灾
更多
THE STATE COUNCIL INFORMATION
煤矿监察·执法为民
更多
无悔坚守·无私奉献
更多